I0807426

No te rindas

Biblioteca Enrique Rojas

Biografía

Enrique Rojas es catedrático de Psiquiatría y Psicología Médica y director del Instituto Rojas-Estapé de Madrid. Ha sido Médico Humanista del Año en España. Pertenece al capítulo español del Club de Roma. Ha recibido el Máster de Alta Dirección de España. Acaba de obtener el premio Pasteur de Medicina e Investigación Médica otorgado por la Asociación Europea de Economía y Competitividad. Sus libros tienen dos vertientes: los *clínicos*, dedicados a las depresiones, la ansiedad, la crisis de pánico, los trastornos de la personalidad y los trastornos de conductas en los adolescentes; y otros de *ensayo y temas humanísticos* sobre la felicidad, la voluntad, el mundo de los sentimientos o el desamor. Ha participado en numerosas ferias del libro en Europa y América, en las que su obra ha tenido una excelente acogida. Ha vendido más de tres millones de libros. Su obra ha sido traducida a numerosos idiomas: del inglés al alemán, pasando por el ruso, el italiano, el polaco o el portugués.

Enrique Rojas
No te rindas
Doce meses para aprender a ser optimista

Con la colaboración de Francesc Miralles

ESPASA

Obra editada en colaboración con Editorial Planeta – España

© Enrique Rojas, 2011

Diseño de la portada: Booket / Área Editorial Grupo Planeta
Ilustración de la portada: © MJgraphics / Shutterstock

© 2011, Editorial Planeta, S. A. – Barcelona, España

Derechos reservados

© 2024, Editorial Planeta Mexicana, S.A. de C.V.
Bajo el sello editorial BOOKET M.R.
Avenida Presidente Masarik núm. 111,
Piso 2, Polanco V Sección, Miguel Hidalgo
C.P. 11560, Ciudad de México
www.planetadelibros.com.mx

Primera edición impresa en España en Booket: noviembre de 2023
ISBN: 978-84-670-7133-7

Primera edición impresa en México en Booket: junio de 2024
ISBN: 978-607-39-1444-4

No se permite la reproducción total o parcial de este libro ni su incorporación a un sistema informático, ni su transmisión en cualquier forma o por cualquier medio, sea este electrónico, mecánico, por fotocopia, por grabación u otros métodos, sin el permiso previo y por escrito de los titulares del *copyright.*

La infracción de los derechos mencionados puede ser constitutiva de delito contra la propiedad intelectual (Arts. 229 y siguientes de la Ley Federal de Derechos de Autor y Arts. 424 y siguientes del Código Penal).

Si necesita fotocopiar o escanear algún fragmento de esta obra diríjase al CeMPro (Centro Mexicano de Protección y Fomento de los Derechos de Autor, http://www.cempro.org.mx).

Impreso en los talleres de Impregráfica Digital, S.A. de C.V.
Av. Coyoacán 100-D, Valle Norte, Benito Juárez
Ciudad De Mexico, C.P. 03103
Impreso en México - *Printed in Mexico*

ÍNDICE

SEGUNDA PARTE

VERANO. LA ALEGRÍA DE VIVIR

TERCERA PARTE

OTOÑO. EL ARTE DE MADURAR

CUARTA PARTE

INVIERNO. FANTASMAS Y MIEDOS

A Isabel, mi ilusión con argumento

«Si estás pasando por un infierno, sigue caminando.»
WINSTON CHURCHILL

«... y acabarás saliendo de él.»
ENRIQUE ROJAS

UN AÑO DE FELICIDAD

El título de este libro apunta a la capacidad prácticamente ilimitada del ser humano para superar las adversidades. La sociedad nos prepara para el éxito a través de las escuelas y universidades, con el ejemplo de personas que triunfan en todas las disciplinas; sin embargo, la piedra angular del crecimiento personal es cómo encaramos los fracasos y sinsabores de la vida y qué aprendemos de ellos.

Para empezar, *éxito* y *fracaso* son dos palabras que hay que poner en cuarentena, porque fue más valiosa la última bombilla que quemó Edison antes de inventar la luz eléctrica que el triunfo fugaz de un oportunista, al que sigue una larga depresión.

El director neoyorquino Woody Allen decía irónicamente que *la única forma de ser feliz es que te guste sufrir*. Ciertamente, donde hay vida, hay problemas, dificultades, malentendidos, crisis…, en suma, adversidades que debemos vencer para salir reforzados y seguir adelante.

Lo importante es no rendirse ante estas eventualidades de la vida, porque cada obstáculo lleva consigo un aprendizaje, lo que supone ascender un peldaño más en nuestra evolución personal. *No es más sabio el que menos se equivoca, sino quien más aprende de los errores* y las pruebas que la vida va poniendo en su camino.

Puesto que los problemas y dificultades están presentes en todos los ámbitos de nuestra existencia, en este libro he organizado a través de los meses del año un itinerario por todos los temas y aspectos humanos que inciden en nuestra felicidad, para detectar las trampas en el camino y hallar soluciones.

En esta introducción a lo que es *un almanaque para personas que no se rinden ante la adversidad*, quiero comentar algunos principios generales para navegar en los rápidos de la vida sin hundirse.

Las cuatro notas de la felicidad

Un proyecto de vida coherente y realista debe contar con estas cuatro notas que vamos a trabajar a lo largo de este libro: *amor*, *trabajo*, *cultura* y *amistad*. Estos cuatro temas salen, suben, bajan, vuelven a aparecer y se cuelan por los entresijos del paisaje personal. Son esenciales para nuestro bienestar psicológico, ya que no nos sentiremos completos y realizados a menos que podamos amar y sentirnos útiles en nuestra profesión, aderezado con la compañía de personas que aporten valor a nuestra vida y del iluminador legado intelectual de la humanidad.

Además de estas cuatro notas, para superar las crisis y mantener el rumbo hacia la felicidad, hay que saber hacer un balance de la vida personal en el que sepamos perdonarnos. Como decía Séneca, *vivir es guerrear, vivir es pelear*.

Ángel Ganivet decía que el español, como persona apasionada, tiene tendencia a hacer balances negativos. Desafortunadamente, esto es algo que podemos comprobar en nuestro entorno cotidiano. Los telediarios priman las malas noticias y en las relaciones interpersonales son más frecuentes las quejas que las palabras de gratitud. Sin embargo, corresponde a cada persona elegir el filtro con el que quiere contemplar la realidad.

Frente a los avatares de la vida, podemos optar por el lamento y la inculpación a terceros, o bien tomar las riendas de nuestra montura y decidir hacia dónde queremos dirigirnos.

Algo muy importante también para no rendirse es *tener una visión larga de la jugada*. La visión corta significa la inmediatez, y en ella todos somos deficitarios; es decir, *cualquier análisis de la vida personal en la inmediatez tiene más vacíos que llenos*. En nuestro carácter, en nuestras relaciones personales, en la familia, en el trabajo, hay siempre flecos por resolver. Aceptarlos y crecer con ellos es signo de madurez y salud mental. *La visión larga nos lleva a pasar por encima de las cosas negativas*.

Haciendo un símil con el viaje de un caminante, en las grandes travesías uno sabe a dónde se dirige, aunque al avanzar a menudo se pierde por montes y valles. Es clave no extraviarse.

Las tres estrellas del sentido de la vida

Por último, es muy importante tener una filosofía de vida, que esta tenga un sentido, una misión que nos haga sentir útiles y valiosos en el mundo. El sentido de la vida a su vez tiene tres estrellas: una *dirección* firme, un *contenido* y el menor número de contradicciones internas posible, es decir, *coherencia*.

Por muchas adversidades a las que nos enfrentemos, si cultivamos los lazos afectivos y amamos lo que hacemos dentro y fuera del trabajo, jamás extraviaremos el rumbo.

No rendirse es también estar en lo que debemos y ser conscientes de lo que hacemos, buscar en el día a día la fuerza de nuestra vida intentando hacer literatura de lo más prosaico. Por eso es importante tener siempre en el horizonte retos, metas, planes que cumplir. Quien alberga ilusiones está vivo y puede enfrentarse a cualquier golpe de la fortuna.

Empezamos así el viaje a través de las estaciones del año en dirección a la felicidad.

ENRIQUE ROJAS
19 de febrero del 2011

PRIMERA PARTE

PRIMAVERA. DEL AMOR Y LA AMISTAD

capítulo uno

Abril. Del amor de alta velocidad al de larga duración

Enamorarse es el súbito derrumbe de las barreras que existían hasta ese momento entre dos desconocidos.

ERICH FROMM

El amor da sentido a nuestra vida y nos llena de energía para superarnos en todos los ámbitos de actuación. Como señalaba Platón: «No hay ser humano, por cobarde que sea, que no pueda convertirse en héroe por amor».

Sin embargo, muchas personas desean amar pero no dan con la persona adecuada. Tal vez por la velocidad con la que se establecen y disuelven las relaciones hoy en día, muchos vínculos se rompen antes incluso de que sepamos quién teníamos al lado.

Si en el Facebook basta con un clic para hacerse amigo —o para dejar de serlo—, el amor se ha visto arrastrado desde mucho antes por la cultura del usar y tirar. Y sin embargo, seguimos soñando con pasar nuestra vida al lado de una persona que nos entienda. Alguien con quien compartir proyectos, visiones, emociones, un compañero de vida para recorrer juntos, con complicidad, las aventuras de la existencia.

¿Cuál es el motivo por el que a muchas personas les cuesta tanto encontrar el amor ideal? En este capítulo exploraremos cómo nos enamoramos, por qué a veces elegimos a la persona equivocada y de qué manera podemos dejar de tropezar con la misma piedra. Asimismo, analizaremos las crisis de pareja, las rupturas y las claves para una convivencia a prueba de sustos.

Antes, sin embargo, empezaremos analizando cuál es nuestra visión del amor y de qué manera condiciona nuestra forma de relacionarnos con una posible pareja.

¿Por qué seguimos creyendo en cuentos de hadas?

Sin duda, la cultura de cada época influye en nuestra manera de relacionarnos con la realidad. Si esperamos determinadas cosas de un compañero de vida, es porque en la poesía, en las novelas, el teatro o las películas hemos aprendido que el amor se expresa y articula de una determinada forma.

Esta visión, no obstante, ha ido cambiando a lo largo de los tiempos, y también ha cambiado el vehículo elegido por los creadores para hablarnos de la gramática del corazón. Es interesante ver a través de qué canales se han propagado en cada época las ideas y roles que luego han tratado de emular los enamorados.

El amor a través de los tiempos

La Edad Media es la época de la poesía: el mester de clerecía, el mester de juglaría, las cantigas... Estos textos nos presentan un romanticismo alejado de la realidad cotidiana en el que la mujer representaba el reposo del guerrero y la relación con ella era distante.

En los siglos XV y XVI aparece la exaltación de la poesía más culta con Lope de Vega y Quevedo en primer plano. Este último, en su «Definición del amor», expresa de manera sofisticada el sufrimiento que genera:

> Es hielo abrasador, es fuego helado,
> es herida que duele y no se siente,
> es un soñado bien, un mal presente,
> es un breve descanso muy cansado.

El siglo XVII es el siglo del teatro, que en su tiempo era lo que hoy es la televisión; es decir, llegaba a mucha gente, que aprendía de la escena un discurso amoroso. Pensemos, por ejemplo, en cuántos enamorados han tomado como referencia *Romeo y Julieta* y qué visión tan dramática y catastrofista nos da del amor, que para ser bello parece obligatorio que sea imposible.

El siglo XVIII es el siglo de la Ilustración, de las luces, de la entronización de la razón. Hay un intento de hacer «razonable» la unión entre dos personas que desean compartir la vida, más allá de idealizaciones trovadorescas o de dramas de triste final. Sin embargo, este deseo de poner orden será barrido en el XIX por el Romanticismo, que contagia la exacerbación de emociones.

La linterna mágica del amor romántico

Con el Romanticismo llega también la exaltación de la novela, gran educadora en el mundo de la afectividad. *Las desventu-*

ras del joven Werther de Goethe supuso, en ese sentido, todo un best seller de consecuencias sociales alarmantes.

No solo se tradujo en menos de dos años a doce idiomas —incluyendo el chino—, sino que las aventuras de este enamorado sin esperanza crearon una legión de imitadores. Miles de románticos se vestían con frac azul y chaleco amarillo, como el héroe de Goethe, se enamoraban violentamente y escribían cartas amenazando con quitarse la vida. El mismo Napoleón confesó haber leído siete veces la novela, y la llevaba siempre con él, incluso a los campos de batalla. Siguiendo los pasos del joven Werther, se registraron decenas de muertes por suicidio y en algunas ciudades alemanas la novela llegó a prohibirse.

Ahora bien, ¿cuál es la visión del amor que llegaba a los jóvenes —y a los no tan jóvenes— a través del Romanticismo? Un pasaje de la misma novela de Goethe nos muestra un amor idealizado, cuando el protagonista explica a su criado lo que es el amor:

> Una linterna mágica sin luz. Apenas pones la lamparilla aparecen sobre tu blanca pared imágenes de todos los colores. Y aun cuando no fueran más que eso, fantasmas pasajeros, constituyen nuestra felicidad si los contemplamos como niños pequeños y nos extasiamos ante esas maravillosas apariciones[1].

Muchos conflictos que tenemos con relación al amor tienen su origen en esta visión romántica. Los sentimientos son pro-

---

1. Johann Wolfgang von Goethe, *Las desventuras del joven Werther*, Cátedra, Madrid, 2009.

yecciones y apariciones que surgen de la «linterna mágica» de cada corazón, es decir, no guardan una relación directa ni razonable con el objeto amado, porque en esencia son una construcción de la mente.

A menudo no encontramos el amor porque perseguimos esos fantasmas y mitos creados por nuestra fantasía, dejando perder personas muy valiosas que podrían ser grandes compañeros de vida.

Pero antes de ocuparnos de la práctica del amor, vamos a terminar nuestro viaje sentimental a través de los tiempos.

Amores de cine: tres películas que educan el corazón

El actual es, sin duda, el siglo de internet, el de la revolución de las comunicaciones, pero retrocedamos un poco para entender lo que supuso en el siglo XX la eclosión del periodismo —todos los grandes escritores o pensadores empiezan a escribir en los periódicos— y sobre todo del cine.

La magia del cine sirve para vehicular grandes historias de amor que han quedado grabadas en el inconsciente colectivo.

La primera que quiero nombrar es, por supuesto, *Casablanca*. Como el lector bien sabe, la película muestra un amor romántico con un final excepcional y sorprendente, porque la renuncia no suele formar parte del «kit» de soluciones de Hollywood, que tiende más bien a los extremos: el final feliz o el drama lacrimógeno. Aparece un sentido del amor de gran profundidad, de esos amores que han fracasado pero que se recuperan.

Otra película excepcional que habla de la renuncia es *Lo que el viento se llevó*. Esta historia larga y turbulenta muestra que en el amor todas las cumbres son borrascosas y no hay ningún compromiso tan fuerte como afrontar juntos la aventura de la vida. En esta película se ve claramente que no hay amor sin sacrificio. El galán de este gran drama romántico realiza un lúcido discurso que nos da varias claves sobre la madurez en el amor:

> Solo sé y comprendo una cosa, y es que te quiero, Scarlett; pese a ti y a mí y a ese mundo que se desmorona a nuestro alrededor, te quiero. Porque somos iguales, dos malas personas, egoístas y astutos, pero sabemos enfrentarnos a las cosas y llamarlas por sus nombres.

En estas pocas líneas de diálogo vemos algunos de los principios que sustentan la pareja de largo recorrido:

1) El amor que no se rinde pese a las dificultades que rodean a la pareja. Se crece ante ellas.
2) La unión basada en la afinidad, incluso cuando no se trate exactamente de virtudes.
3) El valor de ver juntos una misma realidad, que sabemos nombrar y afrontar.

Una tercera película que destacaría es *Sonrisas y lágrimas*, que trata del amor adolescente y de cómo se mezcla con el amor maduro de un hombre viudo. Uno es un amor de vuelta y el otro es un amor de ida. Es también la historia de una familia, los Trapp, que existió en Salzburgo y que tuvo que exiliarse debido al nazismo.

Claves para encontrar un amor saludable

El dicho popular «Lo que mal empieza, mal acaba» es válido también en el territorio del amor[2]. Comenzar bien una relación, con una actitud respetuosa hacia nosotros mismos, desestimando parejas que no nos aportarán estabilidad y eligiendo un buen compañero de vida, es el punto de partida para una vida sentimental saludable.

I. *Cultivar la autoestima*

El mejor elixir de belleza que existe es la autoestima, ya que la persona que se siente bien consigo misma resulta naturalmente atractiva para los demás. Por el contrario, si no nos valoramos, estaremos transmitiendo un mensaje de negatividad que incide de forma directa en la apreciación que los demás tienen de nosotros.

Puesto que la baja autoestima tiene su origen en mecanismos psicológicos destructivos, nos detendremos ahora en las actitudes que hay que evitar:

- **Generalizar.** Debemos eliminar de nuestro diccionario predicciones generales negativas como «A mí todo me sale mal», «No tengo suerte con los hombres/con las mujeres», «Nadie me comprende» o «Nadie sabe lo que he sufrido».
- **Filtrar negativamente los acontecimientos.** La diferencia entre la alta y la baja autoestima está en qué detalles de nuestra existencia retenemos. Si en lugar de poner énfasis en lo que sale mal, lo hacemos a la inversa, nuestra

2. Pero también debo subrayar que cuando el amor llega puede ser ciego, pero cuando se va es muy lúcido.

balanza emocional también se inclinará hacia el lado soleado de la vida.

- **Autoacusarnos.** Sin cargar tampoco las culpas en terceras personas, fustigarnos por lo que hemos hecho mal no es una actitud productiva para hacerlo mejor a partir de ahora.
- **Personalizar.** Tomar cualquier comentario ajeno como un ataque personal es otro de los mecanismos que socavan la autoestima. Si alguien dice «estoy aburrido», no debemos pensar inmediatamente que está aburrido con nosotros.
- **Reaccionar emocionalmente.** Los sentimientos son volátiles y, cuando se enfrían, podemos considerar de forma racional cualquier situación y nuestra posición en la misma. Las personas que lo juzgan todo emocionalmente tienden a sentirse heridas con facilidad, lo que mina su autoestima, y además son una fuente constante de fricciones y conflictos con los demás.

II. *Evitar las personas inmaduras*

Los analfabetos emocionales provocan, sin pretenderlo, mucho sufrimiento en las parejas[3] que buscan la estabilidad y la realización en el amor. El primer paso para evitar relaciones no nutritivas es, por lo tanto, detectar desde el principio las personalidades inmaduras, que se caracterizan por los siguientes rasgos:

- Son **susceptibles en grado sumo.** No soportan las críticas a causa de su hipersensibilidad.
- Su **estado de ánimo cambia bruscamente** sin motivo aparente y con una rapidez inesperada.

3. Por eso, acertar en la elección amorosa es decisivo.

- Les importa mucho el «qué dirán», son **esclavos de la opinión de los demás.**
- **Toleran mal las frustraciones** y tienden a culpar a terceras personas de lo que sale mal.
- Tienen **reacciones caprichosas** que no se corresponden con su edad.
- Son **impacientes** y no saben fijarse metas; es decir, les resulta difícil aplazar la recompensa.
- **Les cuesta renunciar a sus deseos** inmediatos, porque ceden con mucha facilidad a los impulsos.
- Necesitan ser admirados y **figurar en actos sociales.**

Si un posible compañero de vida presenta muchos de estos síntomas, la mejor manera de ahorrarse los sinsabores del desamor es descartarlo como proyecto de vida compartida.

III. *Enamorarse con cabeza*

Si afianzamos nuestra autoestima y descartamos las personas que esgrimen una actitud dañina en la pareja, el siguiente paso es elegir bien la persona[4] con la que formar un tándem de vida. Algunos consejos para ello son:

- **Evitar la precipitación.** Antes de iniciar una relación es importante darnos un tiempo para conocer a la persona a través de la conversación y de una incipiente amistad.
- **Superar la fase de deslumbramiento.** Más allá de la atracción inicial, hay que pensar cómo nos sentiremos al lado de esta persona, por las características de su personalidad, cuando baje la fascinación.

---

4. Enamorarse es hipotecar la cabeza por otra persona, fijar la atención de forma extrema. Es el *flechazo*, el *coup de foudre*, el *fall in love*.

- **Contrastar sus motivaciones con las nuestras,** pues una clave de la motivación en la pareja es que ambos tengan anhelos similares y una misma dirección vital.
- **Prestar atención a sus valores,** ya que si no coinciden con los nuestros ahí está la semilla de futuras desavenencias e incluso de una ruptura.
- **Evaluar si podría ser un compañero de vida,** más allá de la emoción de todo inicio. Las parejas, por ejemplo, que conversan bien poseen un atributo esencial para lograr una larga andadura juntos.

El amor en el siglo XXI

La gente no sabe lo que busca, pero sí lo que encuentra. Todo el mundo busca un amor que sea para siempre, sólido y compacto, ya que el amor mueve al ser humano.

El amor tiene distintos registros, y es un movimiento de aproximación que nos arrastra. Ningún sentimiento es tan grande como el amor que mueve al ser humano. En él se refleja de forma nítida toda nuestra capacidad de sentir, entregarnos y compartir.

Todo amor de pareja es un trabajo laborioso[5]; por eso no hay que desesperar si aún no lo hemos encontrado. Incluso en una sociedad como la nuestra en la que todo es cambiante, una sociedad líquida, no sólida —todo cambia, oscila, sube, baja—, hay en este momento otra persona que está buscando lo mismo que nosotros.

---

5. El *amor logrado* tiene un alto porcentaje de artesanía psicológica.

El amor líquido

El sociólogo polaco Zygmunt Bauman acuñó el término *amor líquido* para referirse a la pérdida de solidez de las relaciones humanas. El sentimiento amoroso ya no es algo firme e inamovible, sino un fluido que se vierte de un recipiente a otro sin acabar nunca de cuajar. En su libro titulado justamente *El amor líquido,* Bauman reflexiona así sobre las relaciones en el siglo XXI:

> La idea misma de *relación* sigue cargada de vagas amenazas y premoniciones sombrías: transmite simultáneamente los placeres de la unión y los horrores del encierro. Quizá por eso, más que transmitir su experiencia y expectativas en términos de «relacionarse» y «relaciones», la gente habla cada vez más de conexiones, de «conectarse» y «estar conectado». [...] Tal como señaló Ralph Waldo Emerson, cuando uno patina sobre hielo fino, la salvación es la velocidad. Cuando la calidad no nos da sostén, tendemos a buscar remedio en la cantidad. Si el «compromiso no tiene sentido» y las relaciones ya no son confiables y difícilmente duran, nos inclinamos a cambiar; en vez de hablar de parejas, preferimos hablar de «redes»[6].

El problema es que esta manera superficial de relacionarnos nos causa una profunda insatisfacción, ya que el ser humano necesita un terreno firme en el que edificar su casa y sus sueños. Si siempre estamos fluyendo de una relación a la siguiente, la

---

6. Zygmunt Bauman, *Amor líquido: acerca de la fragilidad de los vínculos humanos*, Fondo de Cultura Económica de España, Madrid, 2007.

sensación de estar empezando constantemente puede abrumarnos hasta el punto de convertirnos en escépticos del amor.

¿Por qué sucede esto y cuál es la solución?

El zapping amoroso

Algunos científicos se empeñan en determinar la duración del amor según los cambios hormonales, como si el amor fuera una sustancia que se pudiera medir. Esto les lleva a realizar afirmaciones como que «el amor dura tres años».

Ese es justamente el título de una novela de Fréderic Beigbeder, el polémico autor de *13, 99 euros*, que maneja un concepto interesante para explicar por qué hay tanta inestabilidad en las parejas: el *zapping amoroso*.

Según este expublicista francés, el primer año todo es hermoso y uno no da crédito a estar enamorado. Al segundo año, las cosas empiezan a cambiar en la pareja: cada vez hacen menos el amor, pero no lo consideran grave. El tercer año empiezan los verdaderos problemas que desencadenarán la ruptura o sumirán a la pareja en la apatía.

En una entrevista, Beigbeder afirmaba que existe una gran contradicción entre el amor y el mundo actual:

> Nuestra civilización del deseo, hedonista, destruye los sentimientos. Es un rasgo generacional, al menos masculino, esa enorme dificultad de pasar el resto de tu vida junto a la misma persona. Es como si el mundo estuviera organizado de tal forma que te impide quererte. Tal vez porque el amor es demasiado subversivo, lo cierto es que, entre el placer y la felicidad, se empuja a la gente a que escoja lo primero. Vivimos en la época del zapping

amoroso. Consumimos muchos productos, constantemente, y ello nos conduce a consumir también personas.

La cristalización

Aunque al principio la afinidad de caracteres pueda ejercer una atracción magnética, las parejas que mejor funcionan son aquellas que son muy distintas. Uno busca en la otra persona un complemento.

Esto lo estudió muy bien Stendhal, que decía que «enamorarse es la cristalización». El autor de *Rojo y negro* dice que si vamos a las minas de Salzburgo y arrojamos una ramita, a los pocos días en la estructura de la rama encontraremos que se han clavado unos cristales. Extrapola este fenómeno al mundo afectivo. La cristalización es la tendencia a idealizar a alguien de dos maneras: por un lado, la elevas de nivel, y en segundo lugar, se cuela dentro de tu cabeza.

A este comentario de Stendhal, yo añadiría que no solamente idealizas al otro, sino que buscas tu complemento. Un hombre primario, activo e impulsivo buscará una mujer secundaria, pasiva y reflexiva, pues se enamora[7] de la sorpresa de descubrir esas cualidades que él no posee.

Tres condiciones para enamorarse

Enamorarse, dice Ortega y Gasset, es un trastorno de la atención, que normalmente está abierta en forma de abanico y

7. Enamorarse, el descubrir a alguien de forma sorprendente que te fascina y te planteas perder la libertad y entregarle los planos del tesoro escondido.

pasa a focalizarse en una sola dirección. Yo lo llamo tener hipotecada la cabeza.

Don Quijote nombra a Dulcinea *la dama de mis pensamientos*. Francesco Alberoni, sociólogo, en su libro *Amor y enamoramiento*, dice que es como si todo se iluminara en tu panorama afectivo. Vives la persona a la que amas como una revelación.

En mi libro *Amor inteligente* digo que enamorarse es encontrarse a uno mismo fuera de sí mismo, y es un proceso que para que avance depende de que se den tres condiciones:

1) **Admiración** —física, intelectual, espiritual— hacia la persona amada.
2) **Atracción**, que en el hombre es muy física mientras que en la mujer es más psicológica. De hecho, se dice que en Occidente el hombre se enamora por la vista y la mujer por el oído.
3) Luego encontramos la **necesidad de compartir**.

Sabemos que estamos enamorados cuando necesitamos decirle al otro: «No entiendo la vida sin ti. Mi vida sin que estés a mi lado no tiene sentido. Eres parte fundamental de mi proyecto». Eso significa tres cosas: voy con esa persona, voy hacia ella y ella es mi proyecto.

Estar enamorado es sentir atracción, tener curiosidad de saber más de la otra persona, necesitar estar con alguien, descubrir su intimidad. A través del enamoramiento, una persona se convierte en el motor de nuestra vida y en nuestra razón de ser.

El amor que mejor funciona es aquel que tiene tres notas: corazón, cabeza y cultura.

a) **Corazón:** quiere decir que es un sentimiento, pero no se agota ahí.
b) **Cabeza:** no se puede arriesgar algo tan importante como el patrimonio afectivo a los vientos que van y que vienen.
c) **Cultura afectiva:** no solo hay que amar, sino hacerlo de manera que ambas partes vean mejorada su vida.

Es difícil pelearnos con un primo al que vemos cada dos o tres meses, pues si hay un momento de fricción, evitas el problema; pero con la persona con la que convives el problema está presente en la inmediatez del cuarto de baño, del desayuno, etcétera.

Todo esto ha hecho que la psicología moderna haya exaltado el concepto de *inteligencia emocional* de Daniel Goleman. Uno puede tener una capacidad intelectual extraordinaria pero la afectividad mal orientada.

Según este psicólogo de Harvard, que durante doce años escribió una columna para el *New York Times* sobre ciencias del cerebro y conducta humana, las cualidades que reúnen las personas con inteligencia emocional son:

- Conciencia de uno mismo y facilidad para expresar las propias emociones.
- Dominio de los impulsos y gestión eficaz de la ansiedad.
- Motivación y optimismo, que llevan a la persona a perseverar incluso tras las adversidades.

- Empatía —la capacidad de ponerse en el lugar de otro— y confianza en los demás.
- Facilidad para interactuar con otras personas y adaptarse a los diferentes temperamentos y puntos de vista.

Soledad creativa

Qué fácil es enamorarse y qué difícil es mantenerse enamorado... Vivimos en una sociedad en la que todo va demasiado deprisa. Nadie tiene tiempo para nada, y para estar en pareja hace falta tiempo, artesanía, saber esperar, saber continuar. Vivimos en una sociedad de consumo rápido; por eso se rompe la pareja.

A veces aconsejo a las personas que cambian de pareja constantemente que tienen que aprender a estar solos después de la ruptura para poder madurar. La soledad creativa nos procura la capacidad para resolver los conflictos y administrar de forma inteligente el pasado.

Los psiquiatras sabemos que muchas veces el pasado pide paso de forma negativa con un arsenal de recuerdos dolorosos.

Para no repetir la historia

George Santayana decía que «aquellos que no aprenden de la historia están condenados a repetirla». Para tomar un rumbo sentimental positivo y rehacer nuestra vida, tras una ruptura es muy importante entender qué la ha causado para no reincidir una y otra vez en los mismos errores.

Veamos algunos de los principales factores que desatan las crisis de pareja:

- **Desgaste de la convivencia.** La vida en común se va erosionando con el paso de los años, y los caracteres van cambiando hasta a veces separar totalmente a dos personas que en un principio tenían gran afinidad.
- **Crisis de identidad** ocasionadas por proyectos que han quedado a medio camino, por promesas que no se han cumplido o metas que se han abandonado.
- **Infidelidad.** Estas crisis suelen llevar a la ruptura porque crean fuertes tensiones emocionales y un acentuado deterioro de la vida en común.
- **Intromisión de la familia política.** La actuación desacertada e inoportuna por parte de miembros de la familia política puede provocar situaciones difíciles y tensiones que deterioran la convivencia.
- **Hipertrofia profesional.** Sucede cuando uno de los miembros de la pareja tiene cada vez menos tiempo libre para su familia, puesto que su trabajo le va atrapando en una red de compromisos ineludibles.
- **Enfermedad psíquica.** Estas crisis pueden variar según la enfermedad de la pareja. Cuando el trastorno es suficientemente grave, la convivencia puede resultar imposible.

Y después de la crisis, ¿qué?

En lugar de rendirnos y pensar que el amor no está hecho para nosotros o tirar de tópicos como «Todos los hombres son iguales» o «A las mujeres no hay quien las entienda», después de una crisis, sigamos o no con la pareja, hay una serie de actitudes que deberíamos incorporar a nuestro kit de supervivencia emocional:

- **Hacer borrón y cuenta nueva.** Asumir y digerir el pasado es un requisito fundamental para mejorar el presente.
- **Romper la lista de agravios.** El inventario de errores, fallos, defectos y fracasos acumulados tras la convivencia debe servir de aprendizaje, nunca de abono para el resentimiento.
- **Estar bien con uno mismo**, una condición indispensable para estar bien con otra persona.
- **Echarle a la vida sentido del humor**, que es el gran bálsamo contra las heridas emocionales y, además, un poderoso producto de belleza.
- **Mejorar nuestras habilidades comunicativas.** Saber escuchar, empatizar y dialogar es el puntal de cualquier relación sentimental presente y futura.

El arte de amar

Como antídoto contra las crisis de pareja, los amores líquidos y el zapping amoroso, merece la pena recuperar un pequeño ensayo filosófico que, desde hace seis décadas, es uno de los libros más regalados a las parejas que se casan o deciden iniciar una convivencia.

Escrito por Erich Fromm, psicoanalista y licenciado en filosofía por la Universidad de Heidelberg, en su obra reflexiona sobre la naturaleza del amor concebido como arte, es decir, como algo que debe ser aprendido y cultivado, contra los que ya en 1956 —el año de publicación del libro— entendían el amor como un bien de consumo.

> Toda nuestra cultura está basada en el deseo de comprar, en la idea de un intercambio mutuamente favorable. La felicidad del

> hombre moderno consiste en la excitación de contemplar las vidrieras de los negocios, y en comprar todo lo que pueda, ya sea al contado o a plazos. El hombre (o la mujer) considera a la gente en una forma similar. Una mujer o un hombre atractivos son los premios que se quiere conseguir. «Atractivo» significa habitualmente un buen conjunto de cualidades que son populares y por las cuales hay demanda en el mercado de la personalidad. Las características específicas que hacen atractiva a una persona dependen de la moda de la época, tanto física como mentalmente. Durante los años que siguieron a la Primera Guerra Mundial, una joven que bebía y fumaba, emprendedora y sexualmente provocadora, resultaba atractiva. [...] A fines del siglo XIX y comienzos de este, un hombre debía ser agresivo y ambicioso. De cualquier manera, la sensación de enamorarse solo se desarrolla con respecto a las mercaderías humanas que están dentro de nuestras posibilidades de intercambio[8].

Para contrarrestar el amor visto como un negocio en el que el valor lo dictan las modas y usos del momento, Fromm propone una clase de vínculo más reposado y duradero.

Los postulados de *El arte de amar* se pueden resumir en los siguientes puntos:

- Los ingredientes básicos para una buena relación son la concentración, la paciencia y la preocupación.
- El amor es la única respuesta saludable y satisfactoria al problema de la existencia humana.
- Lo que la mayoría de las personas encuentra atrayente

8. Erich Fromm, *El arte de amar*, Paidós Ibérica, Barcelona, 2009.

en los demás es una mezcla entre ser interesante y *sex appeal.*

- No hay nada más fácil que amar; lo difícil es mantener viva la llama del amor cuando se extingue la pasión inicial.
- El amor, como todo arte, debe aprenderse para poder ser ejercitado con maestría y profundidad.
- Un momento de felicidad en el amor nos compensa por cualquier sufrimiento y esfuerzo que nos exija la vida.

Un caso práctico: escepticismo contra el mal de amores

Viene a visitarme una chica de Madrid de 32 años. Me cuenta que ha tenido dos o tres relaciones bastante desgraciadas, pues en todas ellas ha aparecido el *síndrome de Simón.* Este síndrome, que estudiaremos con más profundidad en el capítulo dedicado a la madurez, se da en un número elevado de hombres de entre 30 y 40 años que están solos y viven solos. Quien lo sufre vive obsesionado por el trabajo, es inmaduro emocionalmente y narcisista. Esta chica ha estado con varios hombres con este síndrome, o bien con pánico al compromiso.

Acude a mi consulta porque sufre ansiedad y está decaída. Tiene lo que los psiquiatras llamamos una depresión reactiva o exógena. Al analizar los hechos y buscar el porqué, me cuenta su historia sentimental y me dice que además de fracasar en ese terreno, en su trabajo no se siente muy a gusto.

En la terapia, además de darle una medicación para mejorar su estado de ánimo, me centro en ayudarla a que oriente su vida y que corrija el error de percepción que tiene, pues está centrando su vida en encontrar a un príncipe azul. Mediante la psicoterapia he logrado convencerla de que en una sociedad tan perdida en temas de amor como la nuestra, buscar como principal argumento el amor de un hombre es un grave error.

Estas son las medidas que le propongo que emprenda para recobrar la estabilidad y el buen ánimo:

- Debe centrarse en su vida profesional, en sus aficiones, y relegar el objetivo de encontrar a un hombre a un segundo plano. Si el amor verdadero llega será estupendo, pero lo normal es que tarde en aparecer.
- Un requisito fundamental para ser feliz es no equivocarse en las expectativas. En el caso de esta paciente, le insisto en que estas no sean afectivas, sino de amistad, de cultura... La animo a que saboree su vida sin esperar a nadie.
- Este fondo escéptico es bueno para ella, que ha pasado de la fase soñadora a la decepción, aunque al mismo tiempo le pongo unas gotas cartesianas —la razón por encima de todo— en su cabeza. A ella al principio todo esto la sorprende, pero luego se da cuenta de que es el mejor camino para retomar el control de su vida.

La alquimia amorosa

El príncipe azul existe en los cuentos y en las fantasías que podemos hacernos al conocer a alguien, pero deja de existir por arte de magia cuando entra en casa. La convivencia es lo suficientemente compleja para que esa persona quede rebajada de nivel: cerrar el tubo de la pasta de dientes, el reparto de las tareas domésticas, el criterio para educar a los hijos —si se tienen—, la comunicación de pareja...

La convivencia está hecha de cesiones que muchas personas viven como una pequeña muerte. En la preferencia de ver un canal u otro, de ir a un restaurante u otro, en la frecuencia de las relaciones sexuales... Hay muchos aspectos que intervienen en el día a día de la pareja.

Por eso se tarda mucho tiempo en entenderse con la otra persona, y lo fundamental es asumir que el amor es un trabajo y necesita tiempo. El amor verdadero nos impulsa a intentar hacer feliz a la otra persona perdiendo un poco las preferencias personales.

Los tiempos del amor

Cuando nos enamoramos, el amor presenta unos sabores fuertes, potentes, sólidos, compactos, consistentes. Enamorarse es querer hacer eterno lo pasajero. El reloj se para, porque existe el tiempo del reloj y el tiempo psicológico:

- El tiempo del reloj es cómo pasa objetivamente, físicamente, el tiempo.
- El tiempo psicológico es cómo vives el tiempo dentro de ti.

Por lo tanto, el tiempo es relativo, y el mismo Einstein utilizaba el siguiente ejemplo para ilustrarlo: «Cuando un hombre se sienta con una chica hermosa por una hora, parece que transcurre un minuto. Pero si se sienta en una estufa caliente por un minuto, este es más largo que cualquier hora. Esa es la relatividad».

Cuando estamos enamorados, el tiempo vuela. Pasas tres o cuatro horas con la persona amada y parece haber transcurrido un instante. Sucede lo contrario con la melancolía o el aburrimiento, cuando el tiempo se detiene. Por otra parte, el tiempo es pasado, presente y futuro. En el enamoramiento todo es futuro. El pasado queda aceptado, asumido, y el presente está empapado de un futuro prometedor. El amor sin fecha de caducidad se convierte en un trabajo de artesanía.

Los siete pilares del amor

Los alquimistas en la Edad Media buscaban la piedra filosofal, la respuesta a los grandes interrogantes de la vida, así como muchas personas buscan actualmente un amor por el que merezca la pena luchar.

Para los que no se rinden ni renuncian al sueño del amor que no se degrada, la alquimia tiene siete pilares que sostienen el amor: sentimiento, sexualidad, creencias comunes, inteligencia, voluntad, compromiso y dinamismo.

1) El amor es un **sentimiento**[9] que no se agota si se decide hacer feliz a la otra persona para hacerte feliz a ti mismo. Esa decisión tiene que ver con la voluntad y con la inteligencia. Sin ese compromiso, el amor es solo un sentimiento que va y que viene, como el zapping televisivo cuando no sabemos qué programa queremos ver.

2) La **sexualidad** tiene un papel muy importante, pues es el lenguaje del amor comprometido y se asemeja a la sonrisa, pues alberga complicidad. Hay dos tipos de sexualidad: el sexo sin amor y el sexo con amor comprometido. El sexo sin amor es

9. Los sentimientos son el polígono industrial de la afectividad.

una relación en la cual las personas se utilizan como objetos, simplemente para satisfacer unas necesidades. En el fondo, se trata de una relación individual y anónima. El sexo con amor responde, en cambio, a una relación íntegra, pues reúne a la vez lo físico, lo psicológico, lo espiritual e incluso lo biográfico.

Esto último se refiere a aquella sexualidad en la que dos historias se unen. Hablamos de una relación íntegra, que reúne, ensambla, mezcla. La historia de un individuo se detiene ante la otra persona para incorporarla. Esa es la grandeza del acto sexual cuando, entre dos personas con un proyecto compartido, se convierte en una gran sinfonía. En la sexualidad biográfica el acto no finaliza en el coito. Es comunicación, liturgia, diálogo, encuentro. Desafortunadamente, es poco común en nuestros tiempos.

En nuestra sociedad ocurre un fenómeno que es importante tener en cuenta: *el hombre finge amor pero lo que busca es sexo, y la mujer finge sexo pero busca amor*.

Dos personas que se entienden en los tiempos, en la cantidad y en la calidad del sexo desarrollan un lenguaje privado y personal, en el cual hospedan a su vez el lenguaje verbal, la magia de los gestos y el lenguaje subliminal que se esconde bajo los dos anteriores (que no asoma ni aparece).

3) **Creencias comunes**. Las ideas son un paisaje marino que cambia continuamente, y las creencias son un paisaje sólido. Estas últimas son, como decían los clásicos, *fundata enim erat supra petram* («el edificio no se derrumbó porque estaba edificado sobre piedra»), era rocoso, compacto, consistente. La pareja estable debe estar edificada sobre terreno rocoso para que no se derrumbe. Hoy en día hay muchas relaciones edificadas sobre materiales de derribo. Compartir creencias implica una interpretación similar de la vida. Por eso las parejas

con convicciones sólidas tienen grandes posibilidades de mantenerse unidas.

4) La **inteligencia** como capacidad de síntesis, para captar la realidad —también la de la pareja— en toda su complejidad. La inteligencia nos permite gestionar nuestra trayectoria personal. Hay un aprendizaje en el trato con el otro que permite llevarse bien y reforzar cada vez más el vínculo. Las herramientas que potencian la inteligencia son: el orden, la constancia, la voluntad y la motivación.

5) La **voluntad**. El amor es afectivo y efectivo a la vez. El amor afectivo lo encontramos en el campo emocional. El amor efectivo tiene su sede en la voluntad, que es la capacidad para ponerse metas y alcanzarlas. No se nace con la voluntad, sino que se adquiere. Esta capacidad nos permite trabajar en el área afectiva quitando, puliendo defectos para reforzar la unión de la pareja.

6) El **compromiso** produce terror a un gran número de hombres a partir de los treinta años. Esto sucede por inseguridad, por miedo a perder la libertad... Esto hace que se refugien en el insatisfactorio zapping afectivo. Se atan a un modelo de amor adolescente que no se corresponde con su madurez psicológica. Compromiso implica fidelidad. En un estudio que hicimos en la Complutense se comprobó que lo que más valoraba el 92 por ciento de los encuestados de la relación afectiva era la fidelidad. Es decir, tener la tranquilidad de que la pareja no se saldrá del marco afectivo.

7) El amor es **dinámico**, no estático. Es un sentimiento que evoluciona y se mueve, sube y baja. Por eso exige flexibilidad y obliga a la pareja a reciclarse. Hay que saber aceptar los cambios de cada uno para seguir creciendo juntos.

Cinco consejos finales para sacar el amor a flote

Cerraremos nuestro viaje a través del amor con una corta lista de principios prácticos para el día a día de la pareja, para que la convivencia sea una navegación con rumbo definido a pesar de las turbulencias:

1. **Estar siempre dispuesto a dar y recibir amor.** Mientras haya intercambio y afectividad, la pareja tendrá combustible para salir adelante y superar las dificultades cotidianas.
2. **Tener muy en cuenta lo importante que es lo pequeño.** Besar a nuestra pareja al entrar o salir de casa, o tener un detalle cotidiano con ella son gotas que refrescan y fortalecen el árbol del amor.
3. **Huir de discusiones innecesarias,** ya que provocan una erosión en la convivencia que podemos evitar poniendo sobre la mesa solo las cuestiones cruciales.
4. **Tener capacidad de reacción tras momentos difíciles.** No esperar a que las cosas se arreglen por sí solas es esencial cuando estalla una crisis en la pareja.
5. **Cuidar el lenguaje verbal y no verbal.** Dado que cualquier conducta humana es comunicación, un lenguaje rudo o los gestos poco amables estropean el placer de compartir la vida con una persona.

Un caso práctico: enamorarse de la novedad

Recibo en la consulta a un señor de Madrid de 47 años, con una mujer de 45 y tres hijos. Trabaja en un bufete de abogados en el que ha entrado a trabajar una pasante de 26 años. Es una chica muy inteligente, tiene una gran vocación jurídica y demuestra mucho interés por su trabajo: toma notas, pregunta a menudo, etcétera. Él tiene a su cargo a unas quince personas, pero con esta muchacha ha surgido una relación especial.

Un día terminan de trabajar tarde y él la invita a tomar algo. A partir de entonces se va produciendo un acercamiento y él empieza a pensar en ella fuera del trabajo. Con ello se inicia lo que yo llamo *tener hipotecada la cabeza*, pues ella ocupa de forma permanente su escenario mental.

Pasan unas semanas hasta que el abogado viene a la consulta a causa de la ansiedad. Es presa de una preocupación que a la vez le hace estar contento. Vive una situación ambigua, pues se da cuenta de que la chica es muy interesante, divertida y positiva. Además, es guapa.

Ha empezado a pensar mucho en ella. Cuida más su atuendo y quiere adelgazar. Los domingos piensa en ella y se alegra de volver al trabajo al día siguiente. Me cuenta que ni siquiera sabe por qué ha venido a verme, aunque tampoco sabe qué es lo que tiene que hacer con su vida. Me cuenta que padece ansiedad, que no duerme bien y que ya no tiene ganas de estar con su mujer. El paciente explica lo siguiente:

—Mi esposa es muy buena persona, pero me resulta un poco pesada. Se empeña en hablarme de los estudios de los chicos, de las dificultades de la casa, me regaña por mi desorden... Por el contrario, la otra chica es amable, me trae café, se pone siempre de mi lado. He vuelto a sentirme como un adolescente, he rejuvenecido. Es como si estuviera en una película. ¿Qué le parece el hecho de que haya venido a consultarle tal cosa? Tendría que arreglarlo solo, ¿verdad?

La palabra *consulta* viene justamente de ahí: uno acude y me presenta un caso sobre el que tiene dudas. Este paciente de momento presenta dos síntomas: ansiedad e insomnio. Esta es mi respuesta como psiquiatra:

—Voy a decirte lo que va a pasar si sigues viéndola. Estás ya medio enamorado, tu cabeza piensa en ella constantemente, y eso es un síntoma importante. Al mismo tiempo, la visión que tienes de tu mujer está desdibujada. Lo normal, si sigues trabajando con esta chica, es que surja una relación entre ambos que en medio año, o en un año como mucho, se sabrá, pues estas cosas al final salen a la luz. Tu mujer se enterará, se desatará una fuerte pelea entre vosotros. Tú lo negarás, luego se demostrará que lleváis un año viéndoos. Te separarás, los hijos quedarán muy afectados. Luego tu mujer te pedirá mucho dinero, pues al final las separaciones son económicas...

Él me responde diciendo que soy un psiquiatra muy frío. Yo le razono que da igual que el profeta sea frío o no, ya que simplemente le cuento lo que va a ocurrir. Añado a todo lo que le he dicho:

—Lo único que puedes hacer, si quieres mantener tu vida conyugal, es decirle a la chica que tiene que marcharse del despacho cuanto antes. Le cuentas que estás sintiendo algo hacia ella muy evidente y que no puedes seguir con ella cerca. Pasarás unos meses malos, te costará una «enfermedad», como suele decirse, pero yo te ayudaré. Luego reactivarás la vida afectiva con tu mujer con más comunicación, a través de peticiones recíprocas...

Lo que ha sucedido solo lo sabe un amigo íntimo del paciente y yo. Este abogado lleva unos meses siguiendo mi consejo y he tenido que recetarle medicación, ya que cuando se despierta piensa en la chica[10]...

Podemos resumir la receta de este caso con los siguientes puntos:

- El amor de larga duración, como el de este abogado con su esposa, precisa la decisión y la determinación de querer cuidar ese amor.
- Hay que evitar vientos exteriores, lo cual en una sociedad tan permisiva cuesta mucho. Si no vigilamos esta cuestión, el amor se sale de su cauce.
- Por muy dura que parezca la decisión que sugiero al paciente, este sabe que el psiquiatra ha tocado el tema con anterioridad. Sabe que le propones lo mejor, lo cual es muy fácil de decir, pero muy difícil de hacer. Pero en la excelencia reside justamente el reto.

---

10. En los enamoramientos tardíos se vive una segunda juventud: son amores apasionados, devoradores, impetuosos que pueden hacer perder la perspectiva y desafían todo.

EJERCICIO PRÁCTICO:
AFIRMACIONES PARA SANAR EL MAL DE AMORES

Cuando alguien padece un descalabro afectivo[11] importante, suele quedar muy marcado y no sabe cómo gestionar su situación. Para ello existe lo que yo llamo ejercicios cognitivos para *echar* a quien se ha instalado en la cabeza de uno.

Fundamentalmente, consiste en introducir en nuestro escenario mental, en tiempos muertos o en momentos de dolor, inactividad o soledad, frases cortas y efectivas. Estas son algunas de las más eficaces:

- *Métete en la cabeza que esa relación no era seria.*
- *Métete en la cabeza que esa persona no te convenía.*
- *Tienes una visión inmediata, pero no mediata.*
- *Para llegar donde tú quieres, ahora tienes que pasar por donde no quieres.*
- *Cuando el amor llega puede ser ciego, pero cuando se va puede ser muy lúcido.*

Estos mensajes interiores que dicta el terapeuta y son consensuados por el paciente pueden ser muy efectivos. Al final, el propio paciente debe ser capaz de formular él mismo una frase para reprogramarse para la felicidad.

11. Recomiendo al lector el libro de Howard M. Halpern *How to Break your Addiction to a Person*, Bantam Books, New York, 1993. En él se detallan unas sabrosas sugerencias psicológicas sobre cómo dejar de estar obsesionado con alguien que no nos conviene desde el punto de vista afectivo.

EL PEQUEÑO TEST DEL AMOR

1. **El amor de larga duración es aquel que…**
   (a) Mantiene la misma intensidad del primer día.
   (b) Sustituye la pasión inicial por un sentimiento de amistad y complicidad.
   (c) Va cambiando y madurando en diferentes fases a lo largo de la relación.

2. **Enamorarse de forma inteligente es…**
   (a) Elegir a alguien atractivo y con nuestras mismas aficiones.
   (b) Dar más importancia al fondo del ser amado que a la apariencia física.
   (c) Admirar a la persona y sentir que deseamos compartir la vida a su lado.

3. **Después de una mala experiencia sentimental, para encontrar el amor verdadero debemos…**
   (a) Seguir buscando hasta dar con la persona adecuada.
   (b) Descartar posibles compañeros/as que presenten las características de la persona que nos ha herido.
   (c) Concedernos una pausa para entender qué ha fallado y escuchar nuestras verdaderas necesidades.

4. **Para evitar las discusiones de pareja hay que…**
   (a) Pasar por alto los puntos conflictivos o de desacuerdo entre ambos.
   (b) Aprender a dialogar sin herir la susceptibilidad del otro.
   (c) Aceptar las imperfecciones de la otra persona, fijando la mirada en sus virtudes.

5. **El primer secreto de la seducción es…**
   (a) Cuidar nuestro aspecto físico y nuestra vestimenta, porque se seduce a través de los ojos.
   (b) La capacidad de conversar para que la otra persona se sienta a gusto.
   (c) Amarse y respetarse a uno mismo.

PUNTUACIÓN

Cada (**c**) suma 2 puntos y cada (**b**) 1 punto, mientras que la (**a**) no puntúa.

7 O MÁS PUNTOS
Tu visión del amor es madura y tu corazón está gobernado por la templanza. El único riesgo que corres es racionalizar demasiado el sentimiento amoroso.

DE 4 A 6 PUNTOS
Presentas un equilibrio entre el impulso y la razón. Solo debes vigilar no ser inconstante en el arte de amar, que precisa de paciencia y dedicación.

MENOS DE 4 PUNTOS
Tienes una visión superficial del amor y corres el peligro de dejarte deslumbrar por la primera impresión para luego decepcionarte muy rápidamente.

DECÁLOGO DEL AMOR

I. **Amarse a uno mismo es indispensable para amar bien a tu pareja.** Una autoestima baja suele llevar a una relación llena de apegos, lamentos y recriminaciones. No podemos dar al otro el afecto que no nos damos a nosotros mismos. *Para estar bien con alguien hace falta estar primero bien con uno mismo.*

II. **El amor no es como en los cuentos de hadas.** Una buena dosis de realismo ayuda a encontrar el camino correcto en la senda del amor. No existen los príncipes y princesas azules, pero sí una compañía que ilumine nuestra vida cotidiana. *Realismo e ilusión mezclados con arte.*

III. **Evita a las personas inmaduras.** Elegir a alguien con pánico al compromiso u otras actitudes infantiles nos lleva al fracaso y la desesperanza. Un candidato sentimental menos impactante al principio puede resultar a la larga mucho más satisfactorio. *Madurez afectiva es capacidad para dar y recibir amor.*

IV. **Ama sin apegarte.** Solo quien sabe estar en soledad puede encontrar el orden y la creatividad que luego verterá en su compañero o compañera. *En el amor conyugal hay que buscar una buena ecuación entre proximidad y lejanía.*

V. **Los detalles cotidianos son el sostén de una relación.** Regalos fuera de las fechas señaladas, palabras cariñosas, una broma que disipe el mal humor matinal… Estos pequeños actos configuran una pareja saludable. *Cuidar los detalles pequeños es amor inteligente.*

VI. **Saber recibir amor es tan importante como saber darlo.** La energía amorosa debe fluir como un circuito cerrado dentro de la pareja. Hay que entregarse y aceptar la entrega, cada cual según su manera de ser, para que dos corazones latan como un motor de dos cilindros. *Estar atento a lo que el otro necesita: eso es amor acertado.*

VII. **Huye de las discusiones innecesarias que dinamitan la convivencia.** Muchos divorcios y separaciones tienen su origen en la acumulación de fricciones cotidianas, a menudo debido a detalles sin importancia. Evitarlas a tiempo aumenta la calidad de la relación. *De la discusión conyugal rara vez sale la verdad.*

VIII. **Trata cada crisis de inmediato.** Los asuntos del corazón no pueden postergarse en la agenda, como una obligación más. Antes de que se genere resentimiento, hay que resolver los temas de fondo que están afectando a la pareja. *Pedir perdón enseguida es generosidad y paz interior.*

IX. **Comunícate bien, pues es un seguro para el corazón.** Más allá del entendimiento sexual, el arte de conversar es esencial para que un tándem afectivo funcione. Las uniones más armónicas son las que se basan en un diálogo constante y fértil. *Aprender a dialogar sin acritud es un gran logro.*

X. **Cárgate de paciencia, el condimento esencial de una relación.** Sin ella sucumbiremos ante los primeros problemas que surgen en el normal devenir de una relación. La pareja es una carrera de fondo en la que hay que salvar muchos obstáculos para avanzar juntos hacia un mismo horizonte. *Paciencia es saber esperar y saber continuar.*

capítulo
dos

Mayo. Dejar de ser hijos para poder ser padres

En la familia, el amor es el aceite que calma los arañazos de la vida, el cemento que nos mantiene unidos y la música que nos procura armonía.

EVA BURROWS

En la actualidad existe un debate candente sobre la educación. Hace unos treinta años, en Estados Unidos se decidió que era mejor educar de forma permisiva para que los hijos pudieran seguir su propio camino. Eso ha derivado en un desastre total, pues la misión de los padres es convertir a los hijos en personas adultas, enseñarles lo que es la vida para *valerse por sí mismos y enfrentarse a las dificultades*.

Una sociedad que se rige por el *hedonismo*, el *consumismo*, la *permisividad,* el *relativismo* y el *materialismo* creará seres humanos sin referentes[1], personas desorientadas con dificultades para hallar su lugar en el mundo.

Antes de entrar en los principales retos que presenta la educación, deberíamos examinar qué es lo que define al ser humano.

---

1. Por ese camino se llega a un *individualismo terrible* que es muy destructivo.

1) Es un ser racional que **utiliza los instrumentos de la razón.**

2) **Necesita intimidad** y tiene un territorio privado.

3) Posee el lenguaje verbal. Es decir: tiene la posibilidad de **explicar lo que le sucede** y comunicarse con los demás.

4) Está dotado de una dimensión afectiva que es fundamental. **Necesita amar y sentirse amado.**

5) **No tiene instintos, sino tendencias.** Los instintos están prefigurados en el animal, mientras que las tendencias pueden ser reguladas por la inteligencia, la afectividad y la voluntad. Nietzsche decía que «el único ser vivo capaz de decirle que no a los instintos es el ser humano».

La vida viene sin manual de instrucciones

En primer lugar, nuestra vida es abierta, es decir, incompleta, pues siempre quedan cosas por hacer. Por eso la vida es dramática. En segundo lugar, la vida es argumental, necesita de una estructura, unos fundamentos que le den consistencia, y estos son: amor, trabajo, cultura y amistad.

Educar es entusiasmar por los valores. Nuestra sociedad es técnicamente cada vez más perfecta, pero humanamente está muy desorientada porque lo que ofrece y muestra son modelos rotos. La gente prefiere modelos rotos a modelos enteros, pues se comprenden mejor los primeros y cuesta más llegar a los segundos.

El síndrome del amaro

El amaro es una planta que tiene forma de corazón. Se da sobre todo en superficies secas y tiene un fondo amargo. En forma de gel cura ciertas afecciones de la piel.

Extrapolando esta planta al lenguaje de las revistas del corazón, de la televisión y de la prensa, el síndrome del amaro es el deseo de conocer la vida de los famosos siempre que esté rota, a condición de que esté partida.

En la educación de los hijos, los primeros modelos son los padres, pero estos no pueden pretender que los niños pongan en práctica cosas que ellos no viven activamente. El éxito de la educación depende de que los padres entiendan la trascendencia de su misión.

Rose Kennedy, la madre del futuro presidente de Estados Unidos, reflexionaba así sobre esta cuestión:

> Desde el primer día que me pusieron a mi bebé en brazos, fui consciente de que todo lo que le dijera e hiciera tendría su influencia. Y no solo en él, sino en todas las personas que mi hijo encontraría a lo largo de la vida. No solo por un día, un mes o un año, sino por toda la eternidad. Este es un pensamiento muy excitante, todo un desafío para una madre.

Educar es seducir con lo valioso, y esta es una tarea gradual, lenta, progresiva. Es también ir a contracorriente con frecuencia.

Para ahorrar a nuestros hijos el síndrome del amaro, debemos ofrecerles un modelo sólido de compromiso, buena comunicación y unión. Ese es el mejor regalo que unos progenitores pueden hacer a sus descendientes para que, a su vez, en la edad adulta sean capaces de establecer vínculos sólidos cuando creen su propia familia.

La era del filiarcado

En nuestra sociedad hemos pasado del patriarcado al filiarcado. Antes mandaban los padres, ahora mandan los hijos. Se ha democratizado la familia y los hijos hacen a veces de padres. Se ha producido una rotación de papeles. Esto se ve en las crisis conyugales, cuando de pronto el más sensato es un hijo que tiene 20 años y que le dice cosas muy sólidas a un padre que tiene 50.

La comunicación en la familia es esencial. Hay que comunicarse como padre con autoridad, no con autoritarismo. *Autoridad significa aquel que te hace crecer como persona.* Su ejercicio permite que tú progreses para encontrar lo mejor de ti mismo.

La mejor manera de educar es, por consiguiente, enseñando el valor de la inteligencia, la afectividad, la voluntad y la cultura. De todos estos valores, tal vez la voluntad sea el más importante, ya que *una persona con voluntad llega más lejos que una persona inteligente.* En la educación, dar ejemplo es tan fundamental como el diálogo. En la actualidad los padres prefieren regalar cosas a sus hijos y que no les falte de nada, pero sin darles lo más importante, que es su *tiempo* y su *compañía.* Los niños necesitan conversar con sus padres, aclarar sus ideas y poder contarles lo que les está pasando. Cuando esto no se produce, se van con la pandilla, y el líder de esta —el que lleva la voz cantante no es el más inteligente, sino el más atrevido— es el que marca las pautas. En esas segundas familias puede pasar de todo.

¿Sufre mi hijo el síndrome del emperador?

Este término encuadra la conducta de los niños o adolescentes que se comportan de forma tiránica y no dudan en maltratar verbal o incluso físicamente a sus progenitores para salirse con la suya.

El «emperador» se relaciona con los padres como si estos fueran sus súbditos y, si no ve satisfechos sus deseos, reacciona de manera violenta. Las estadísticas demuestran que las denuncias por agresiones de los hijos se han multiplicado por ocho en los últimos años.

De acuerdo con datos publicados por el Ministerio de Interior, en la pasada década los padres presentaron cerca de siete mil denuncias anuales por malos tratos de sus hijos, y este fenómeno ha ido aumentando exponencialmente.

Un informe del Centro de Estudios Jurídicos de la Generalitat de Cataluña reveló que en el 55 por ciento de los casos las agresiones están motivadas por un rechazo a la autoridad y las normas, mientras que un 17 por ciento tiene su origen en la exigencia de dinero, además de otras causas en el 27 por ciento restante.

Según los especialistas, detrás de estos episodios de violencia hay unos padres que no han sabido fijar límites, con lo que los niños han tomado un poder que ni les corresponde ni son capaces de manejar.

Javier Urra, doctor en psicología clínica y autor del libro *El pequeño dictador*, asegura que muchos padres, e incluso algunos pedagogos, «transmiten la idea de que no se puede decir "no" a un niño, cuando lo que le neurotiza es no saber lo que está bien y está mal. Esa es la razón de que tengamos niños caprichosos y consentidos, con una filosofía muy hedonista y nihilista».

Antes de hablar de las soluciones, veamos los *síntomas del síndrome del emperador*:

- El niño o adolescente tolera muy mal la frustración y se deja guiar por sus impulsos.
- Ha desarrollado maneras de manipular el entorno adulto para que sus deseos sean obedecidos. Casi siempre consigue lo que quiere.
- Cuando un capricho suyo no es atendido, reacciona con violencia —verbal o física— hacia sus progenitores o hacia sí mismo, llegando a autolesionarse en casos extremos.
- Se rebela contra cualquier imposición de normas por parte de los adultos, y raramente las cumple.
- Su conducta general es agresiva no solo hacia sus progenitores, sino que también trata de intimidar a sus profesores o a los compañeros de clase.
- Le cuesta reconocer que ha actuado mal, ya que no es consciente de las consecuencias de sus propios actos.
- No tiene facilidad para relacionarse en un círculo amplio de amigos. Como mucho, tiene aliados puntuales para sus intereses.

Claves para recuperar la autoridad

A menudo los padres de un emperador se escudan diciendo que el niño o adolescente «tiene mucho carácter», «una personalidad fuerte» o cualquier otro eufemismo para no admitir que han perdido la autoridad sobre el hijo. Para prevenir que el problema vaya a más y corregir este vacío de orientación que lleva al caos, los progenitores pueden seguir estos pasos:

- Dedicar más tiempo a estar con sus hijos, en lugar de suplir su ausencia con regalos y otros sucedáneos.
- Fijar unos límites claros y razonables para que el niño entienda el territorio en el que se puede mover, explicándole de manera clara las reglas.
- Pactar con la pareja cuáles son las pautas que se quiere transmitir al pequeño, de modo que no obtenga más libertad acudiendo a uno que al otro. La coherencia en el seno de la familia es esencial.
- Explicarle las consecuencias de sus acciones para que pueda mesurarlas. En el hogar, más que castigar, el pequeño debe percibir que se le retiran privilegios cuando su conducta no es la adecuada.
- Reconocer los actos positivos del niño para que se sienta orgulloso de esa clase de actitudes.
- Evitar sobreprotegerlo, porque eso es la antesala de una personalidad caprichosa con poca tolerancia a la frustración.
- Transmitir unos valores firmes que le sirvan de guía y orientación. Los padres deben predicar con el ejemplo, ya que de otro modo estaremos transmitiendo un mensaje contradictorio.

Educar el deseo

Detrás de muchos problemas de autoridad de los progenitores subyace una educación deficiente[2] en los deseos en los propios adultos. La personalidad madura se distingue justamente por el

2. Educar es entusiasmar con los valores.

control de los impulsos y por la capacidad de retrasar la recompensa, como veremos más adelante en un interesante ejemplo.

Antes, vamos a analizar las características de los deseos para diseccionarlos y entenderlos:

- **Fugacidad.** Si su duración es mínima, podemos decir que el deseo se trata de una emoción. En cambio, si persiste con fuerza, puede pertenecer a una categoría superior y tratarse de una motivación.
- **Superficialidad.** La mayoría de los deseos que nos atraviesan no dejan mucho rastro. Se desvanecen por el solo hecho de no atenderlos. Sin embargo, si perseveran pueden llegar a convertirse en sentimientos y reclamar nuestra atención.
- **Involuntariedad.** El deseo no es voluntario. De ser así, entonces hablamos de querer, algo que implica voluntad y firmeza, y nos ponemos en camino hacia un objetivo, lo cual es un atributo de la madurez.
- **Estímulo exterior.** La mayoría de los deseos dependen de algún factor externo que los dispara, como es el caso de la publicidad o los arquetipos de belleza que transmiten en cada época las películas o las series de televisión.
- **Frescura.** El deseo es vital y dinámico, anima la existencia y proporciona ilusiones. Sin embargo, cuando los impulsos ejercen un poder que ofusca el sentido común y el propio rumbo, debemos ponernos en guardia para controlarlos.
- **Personalidad.** Incide de forma determinante en el mecanismo de los deseos. Una personalidad madura sabe establecer prioridades y mantener el control. Una personalidad inmadura se verá dominada por los impulsos. En los trastornos de la personalidad, los deseos se manifiestan de

manera desordenada y caótica, produciendo euforia y decepción a partes iguales y alternándose a toda velocidad.

Los cuatro pilares de la educación

La persona que no controla sus deseos vive en un permanente estado de ansiedad, siempre buscando la inmediatez que monopoliza la sociedad consumista moderna. Quien gobierna sus impulsos, por el contrario, hace uso del sabio árbol de la paciencia, una virtud poco valorada, pero que es básica para no rendirnos ante las dificultades y alcanzar los objetivos que nos hemos fijado.

La educación del deseo es esencial para distinguir entre los caminos que nos aportan madurez y realización y los que, por el contrario, solo nos llevan a la involución y el sufrimiento.

Una educación adecuada debe basarse en unos fines claros. Hay que averiguar lo que se quiere y prescindir de todo lo secundario para perseguir sin desalentarse la meta principal.

Para que un ser humano se pueda desarrollar con plenitud y no desfallezca ante las dificultades, debe educarse en estos cuatro ámbitos:

1) **Voluntad.** Es la fuerza superior de la mente que nos hace libres y nos permite llegar a la meta. La voluntad precisa ser educada. Es un elemento que nos empuja a alcanzar un objetivo, pero no de manera impulsiva, sino cerebral.
2) **Sentimientos.** Constituyen la esencia de la existencia humana. Pueden encauzarse con un criterio constructivo para que participen del proceso general de desarrollo humano.

3) **Sexualidad.** Una educación sexual debe incluir valores humanos y espirituales, una correcta dirección de los impulsos y el fortalecimiento de la voluntad.
4) **Inteligencia.** Es la suma de sentidos y capacidades de nuestra mente y nuestro espíritu, que mediante el raciocinio nos permite ser libres, conscientes de nuestra propia existencia y directores de nuestra trayectoria vital. Una buena educación lubrica la inteligencia y potencia el resto de las capacidades.

Un ejemplo de inteligencia emocional

Existe una fábula africana que habla de un explorador blanco que ansiaba llegar cuanto antes al corazón de África. Por eso ofreció una paga extra a los porteadores para que caminaran más aprisa. Estos le obedecieron durante varias jornadas, pero una tarde se sentaron en el suelo y se negaron a continuar. Cuando el explorador les pidió explicaciones, le respondieron:

—Hemos andado tan deprisa que ya no sabemos ni lo que estamos haciendo. Ahora tenemos que esperar a que nuestras almas nos alcancen.

Esta breve historia nos habla de un valor clave en la educación de niños y adultos: la paciencia.

Muchas personas se desesperan si sus deseos no se ven inmediatamente satisfechos. Esto hace que se precipiten a la hora de buscar pareja, decidirse por una carrera o una profesión, elegir un grupo de amigos, etcétera.

En sus estudios sobre la inteligencia emocional, Daniel Goleman demostró en un célebre test que la paciencia es la llave del éxito. Para ello tomó un grupo de niños de cuatro años y entregó un caramelo a cada uno de ellos con la siguiente condición: si no se lo comían mientras se les dejaba solos en el aula, posteriormente recibirían más caramelos.

Los niños que no pudieron retrasar la gratificación y se comieron el caramelo mostraron una inteligencia emocional inferior al resto y, en principio, estaban peor posicionados para alcanzar el éxito en la edad adulta.

Está demostrado que las personas que alcanzan sus objetivos tienen la paciencia como un gran valor en su mochila existencial, y este factor es más determinante que el coeficiente intelectual o incluso que los títulos académicos, aunque también estos se obtienen con una buena dosis de paciencia.

Educar en la bondad

Nuestra sociedad, basada en la aceleración y la satisfacción instantánea, a menudo olvida educar en los valores del respeto —hacia los demás y hacia uno mismo—, el optimismo y la cooperación. Y sin embargo son la base para poder vivir en comunidad con armonía.

A menudo nos centramos tanto en señalar a nuestros hijos las dificultades que se encontrarán en el camino que olvidamos los aspectos positivos de la realidad, ya que muchos de ellos dependen de su propia actitud hacia la vida y hacia ellos mismos.

En su testamento el violoncelista Pablo Casals dejó esta conmovedora reflexión sobre el significado profundo de educar para un mundo mejor:

Cada segundo que vivimos es un momento nuevo y único en el universo, un momento que nunca volverá a repetirse... ¿Y qué enseñamos a nuestros hijos? Les enseñamos que dos más dos son cuatro y que París es la capital de Francia. ¿Cuándo les enseñaremos también lo que son?

Deberíamos decir a cada uno de ellos: ¿Sabes qué eres? Eres una maravilla. Eres único. En todos los años que han pasado nunca ha habido otro niño como tú. Tus piernas, tus brazos, tus ágiles dedos, la manera en que caminas.

Puedes llegar a ser un Shakespeare, un Miguel Ángel, un Beethoven. Tienes capacidad para cualquier cosa. Sí, eres una maravilla. Y cuando crezcas, ¿serás capaz de causar daño a otro que es, como tú, una maravilla?

Debes trabajar —todos debemos trabajar— para hacer del mundo algo digno de sus hijos.

Un caso práctico: fracaso escolar por rechazo de la autoridad

Un chico de 19 años muy inteligente viene con sus padres desde Almería a la consulta. He medido su inteligencia con el test de matrices progresivas de Raven, que consiste en cinco series de dibujos —doce en cada una— que se van complicando. El puntaje máximo que se puede obtener son 60 puntos.

Aunque logra un nivel de aciertos sorprendente, 56 sobre 60, el chico padece un importante fracaso escolar. Ha suspendido todas las asignaturas, es inconstante y no tiene orden ni disciplina. Carece de voluntad y falta con frecuencia a la escuela...

En la evidente desesperación de los padres, la madre había cometido el error de repetir machaconamente el mismo estímulo. Le decía *que estudiara*, *que aprovechara el tiempo*, *que sacara buenas notas en los exámenes*. Al no surtir efecto, seguía incidiendo en los mensajes negativos: *Parece mentira... No llegarás nunca a nada... Nos tienes agotados...*

Cuando me reúno con él, me doy cuenta de que el chico no es consciente de su problemática[3]. Argumenta que le cuesta concentrarse, que los ocho suspensos son culpa de los profesores, del ambiente, de la asignatura, casi nunca de él mismo.

Lo primero que hago es decirle a la madre que a partir de ahora corrija el defecto de utilizar lo que en psiquiatría llamamos «la ley estímulo-respuesta negativa». Esta ley psicológica dice que *la repetición excesiva de un mismo estímulo de forma machacona a un adolescente produce el efecto contrario*. El discurso de la madre se repite de tal manera que cada vez tiene menos eficacia, hasta que llega un punto en que el efecto es el opuesto: el chico ya no coge los libros ni va a clase.

En la terapia decido adoptar las siguientes medidas:

- La madre acepta que a partir de ahora no dirá nada.
- A continuación, aconsejo que el chico esté interno en un colegio todo el verano estudiando. Junto con los padres, nos decidimos por un colegio de Granada, ya que en esta ciudad tiene un pariente guardia civil que lo acompañará.

Durante la primera semana, hace una huelga de brazos caídos. Sin embargo, un chico que también está interno le convence para que estudie, dado que tiene que quedarse allí hasta septiembre.

---

3. En la psicoterapia el primer paso es explicarle a esa persona cuál es su diagnóstico (esto se llama en inglés *insight*: «tomar conciencia de») y los pasos a seguir para superarlo.

Tras este *stage* veraniego, este joven paciente vino después de los exámenes y me contó que estaba muy contento. Había aprobado las ocho asignaturas, lo cual para él era la gran sorpresa de su vida. Me contó que nunca había querido estudiar porque no soportaba que le obligaran. Previamente, yo le había comentado el resultado de su test y que como estudiante estaba muy desaprovechado.

Actualmente es un buen estudiante que quiere cursar Derecho. Dice que nunca había estado tanto rato delante de un libro y que se ha dado cuenta, incluso, de que algunas asignaturas le gustan mucho.

Cerraremos este caso práctico con unos cuantos consejos para los padres:

- Es muy importante que tengan un comportamiento adecuado para que funcione mejor la motivación de su hijo, transmitiendo siempre los mensajes en positivo y evitando repetir estímulos negativos.
- Deben concienciar al chico de que pierde el tiempo, pero hay que darle herramientas para que lo solucione.
- Hay que procurarle ideas para que desarrolle su inteligencia instrumental. Enseñarle a tener orden, constancia, voluntad y motivación. Es decir: darle los medios para que pueda *ver la meta de forma anticipada*.

La generación instantánea

El mundo actual ha cambiado más en veinte años que en todo un siglo. Los pintores de la corte tardaban muchos meses o incluso un año en pintar un cuadro. Hoy día los profesionales venden su tiempo y todo va demasiado deprisa.

La velocidad tiene sus cosas buenas y también sus desventajas. Por un lado, la inmediatez de poder ser localizado desde la otra punta del mundo nos conecta a este, pero a la vez también nos genera un plus de ansiedad. Ya no tenemos la serenidad ni la paz de que disponíamos antes.

Confundimos el hecho de tener amigos en redes sociales como el Facebook, donde te agregan con un solo clic, con la profundidad de las relaciones que exigen tiempo y experiencias compartidas. Aquella persona que se había hecho «amiga» nuestra en un instante, desaparece de nuestra base de datos con la misma celeridad.

¿Adónde nos lleva todo esto?

El mismo ejercicio del periodismo se ha vuelto frenético. Una noticia lo monopoliza todo hasta que deja de ser novedad y, aunque lo que la ha provocado siga existiendo, desaparece de repente. Tuvimos un claro ejemplo de todo esto con los treinta y tres mineros chilenos que, día tras día, protagonizaban las noticias; ahora han desaparecido por completo de nuestras pantallas o periódicos.

En su *Elogio de la lentitud*, el periodista canadiense Carl Honoré habla así de los peligros de pisar demasiado el acelerador:

> Correr no es siempre la mejor manera de actuar. La evolución opera sobre el principio de la supervivencia de los más aptos, no de los más rápidos. No olvidemos quién ganó la carrera entre la tortuga y la liebre. A medida que nos apresuramos por la vida, cargando con más cosas hora tras hora, nos estiramos como una goma elástica hacia el punto de ruptura[4].

---

4. Carl Honoré, *Elogio de la lentitud*, RBA Libros, Barcelona, 2008.

La enfermedad del tiempo

En su ensayo, Honoré hace referencia a Larry Dossey, un médico estadounidense que acuñó el término *enfermedad del tiempo* para denominar la creencia obsesiva de que «el tiempo se aleja, no lo hay en suficiente cantidad, y debes pedalear cada vez más rápido para mantenerte a su ritmo».

Ante esta premura por hacer el mayor número de cosas en el menor tiempo, las preguntas que deberíamos hacernos son: ¿por qué estamos siempre tan apresurados?, ¿cuál es el remedio contra la enfermedad del tiempo? Y ¿es posible, o incluso deseable, hacer las cosas más despacio?

Klaus Schwab, fundador y presidente del Foro Económico Mundial, afirmó sobre esto: «Estamos pasando de un mundo donde el grande se come al pequeño a un mundo donde los rápidos se comen a los lentos».

Consejos para vivir más despacio

Muchas veces no logramos hallar la solución a nuestros problemas porque nos empeñamos en vivir a tal velocidad que, como los porteadores de la fábula, hemos olvidado incluso a dónde vamos.

Según los especialistas del movimiento «slow», una alternativa a la vida rápida y precipitada, hay una serie de medidas prácticas que podemos tomar para bajar el ritmo y empezar a disfrutar del paisaje de la vida:

- Siempre que sea posible, evitar la comida rápida y los alimentos congelados, de modo que nos acostumbremos al tiempo natural de cada cosa.

- Circular respetando el código de circulación mientras se conduce.
- Practicar un deporte suave. El ser humano es un animal de hábitos: hacer ejercicio una o dos veces por semana tiene un efecto relajante, además de ponernos en forma.
- Suprimir excitantes como el café, los refrescos de cola y el alcohol fuera de un consumo puntual.
- Ahorrar es un gran ejercicio, ya que supone reservar una parte de los ingresos para futuros proyectos, en lugar de ceder al impulso de gastarlos con celeridad.
- Aprender a escuchar a nuestros interlocutores, además de ser un arte, es otro buen propósito para aplacar la velocidad y la inquietud.
- Centrarnos en el aquí y ahora, encontrando satisfacción en lo que hacemos momento a momento, sin preguntarnos cuándo sucederán otras cosas.

Soluciones contra el hombre light

De la velocidad y la inmediatez, del *fast-food* en el que hemos convertido nuestra vida cotidiana, emerge el *hombre light*, un sujeto que lleva por bandera una tetralogía nihilista: *hedonismo-consumismo-permisividad-relativismo*.

Para recuperar una vida con «sustancia», solo debemos acudir a Europa, el Viejo Continente, que nos proporciona raíces como

- El mundo griego, del que heredamos el *pensamiento*, es decir, la capacidad de razonar nuestra propia vida y hallar soluciones a los desafíos que se nos presentan.

- El mundo romano, que nos legó el Derecho y todo lo que de él deriva. Si nos conducimos con *justicia* hacia nosotros mismos y hacia los demás, simplificaremos nuestra vida y evitaremos muchos conflictos innecesarios.
- El mundo judeocristiano, que nos ha enseñado el amor a las tradiciones, el sentido de familia, el *respeto profundo por la vida*.

El hombre *light* dejará de serlo en cuanto cultive en su interior estas semillas de la sabiduría clásica. Es necesaria una vuelta a nuestros valores fundamentales por las siguientes razones:

- El *progreso material* no puede colmar por sí mismo las aspiraciones humanas[5].
- Una *vida light* conduce a la larga a un ser humano vacío, hueco, sin contenido y sin puntos de referencia.
- El *hedonismo* niega el valor del sufrimiento, porque desconoce lo que significa y la importancia que tiene para la madurez personal.
- La *permisividad* producirá personas con toda clase de adicciones, además de la inclinación por la violencia y la agresividad, de fatales consecuencias.

En lugar de dar prioridad al éxito material sin escrúpulos, al placer y al dinero, para sentirse bien con uno mismo hay que embarcarse en una labor personal que conlleva los siguientes requisitos:

5. Para muchos hoy en día *el bienestar es su Dios y el hedonismo, su profeta.*

1. En lugar de estimular sin más los instintos y las pasiones, educarlos para tener el control sobre los mismos.
2. No caer en la permisividad y tener criterios para distinguir entre el bien y el mal.
3. Intentar el bien colectivo y el propio, pero sin una competencia desaforada.

Al final, se trata de aspirar a un ser humano digno, a la voluntad de volverse culto para ser más libre, de hacer un mundo más cordial y comprensivo, de crear un espacio afectivo en el que quepa lo material, lo espiritual y lo cultural.

Esto nos ayudará a obtener la felicidad y dotará de sentido nuestros actos, lo cual es un seguro de vida para cualquier crisis que debamos afrontar.

EJERCICIO PRÁCTICO: PREMIOS Y CASTIGOS

En la educación de los niños más pequeños es importante enseñarles el valor de la responsabilidad, no dárselo todo pelado y sin hueso. El espacio más adecuado para ponerles a prueba es su habitación. Los padres deben enseñarles a ordenarla, pero a su vez deben dar ejemplo. No pueden pretender que sus hijos hagan cosas que ellos mismos no practican. De unos padres caóticos no puede esperarse que los hijos sean amantes del orden.

Al educar a nuestros hijos, estos nos ponen a prueba y se nos plantea cómo gestionar los premios y castigos. Los siguientes consejos sirven para una adecuada gestión de este tema:

- Sin duda, hay que premiar lo que está bien hecho y castigar lo malo. En este caso, el castigo debe ser fuerte en el contenido pero suave en la forma. Como decían los latinos: *Fortiter in re, suaviter in modo*.
- Al imponer un castigo tiene que haber unidad de criterio entre los padres. Hay que unificar posturas, ya que de lo contrario el hijo se irá hacia el más blando, lo que redundará en tensión entre la pareja.
- Los premios pueden ser simplemente verbales: expresiones de aliento como *¡Qué bien lo haces!* o *Tengo mucha fe en ti*.
- Hay que transmitir el castigo como una *retirada de privilegios*, como prohibirles salir, no ver la televisión, quitarles algún juguete unas semanas, o bien el móvil si son más mayores.
- Como norma general, premios y castigos siempre tienen que ser pequeños, pues *los premios grandes los maleducan y los castigos severos pueden desatar una espiral de violencia*.

EL PEQUEÑO TEST DE LA FAMILIA

1. **Amar a los hijos implica...**
   (a) Hacer de ellos personas autónomas y capaces de volar con sus propias alas.
   (b) Volcarnos en nuestro tiempo libre con ellos.
   (c) Darles todo lo que necesitan y estar atentos a aquello que desean para que sean felices.

2. **La tarea fundamental del educador es...**
   (a) Transmitir unos valores sólidos para transitar por el mundo.
   (b) Enseñar a los niños a comportarse con corrección y respeto.
   (c) Darles la mejor formación académica.

3. **La inteligencia emocional implica sobre todo...**
   (a) Tener empatía: saberse poner en el lugar del otro.
   (b) Gestionar de manera inteligente las emociones.
   (c) Un coeficiente intelectual alto.

4. **Ante un fracaso escolar, debemos...**
   (a) Ayudar al niño a que incorpore hábitos positivos como el orden, la concentración y los objetivos a medio y largo plazo.
   (b) Buscar otro centro educativo donde haya más y mejor atención por parte del profesorado.
   (c) Señalar al niño todo lo que hace mal hasta que deje de hacerlo.

5. **Un castigo debe ser...**
   (a) Más fuerte en el significado pedagógico que en la forma.
   (b) Un espacio de reflexión para que el niño entienda lo que ha hecho mal.
   (c) Lo suficientemente grande para que no olvide la lección.

PUNTUACIÓN

Cada (**a**) suma 2 puntos y cada (**b**) 1 punto, mientras que la (**c**) no puntúa.

7 O MÁS PUNTOS
Tienes muy claras tus ideas sobre la educación de los hijos. De vez en cuando, sin embargo, pueden surgir situaciones para las que no estabas preparado.

DE 4 A 6 PUNTOS
Tus intenciones son buenas, pero a menudo te desborda la tarea de educar. Debes escuchar y observar más a tus hijos para entender mejor su conducta y sus prioridades.

MENOS DE 4 PUNTOS
Necesitas ahondar en la inteligencia emocional para dar a tus hijos herramientas que hagan de ellos personas libres y seguras.

DECÁLOGO DE LA FAMILIA

I. **La principal escuela está en casa.** Un niño necesita aprender de sus padres los hábitos para valerse por sí mismo en el mundo adulto. Los padres no podemos pretender que nuestros hijos realicen cosas que nosotros no practicamos.

II. **Educar significa dar ejemplo.** No solo es ofrecer una serie de valores y explicaciones, sino llevarlos a la práctica para que, cuando ellos sean padres, continúen con nuestros pasos. Educar es seducir por encantamiento, ejemplaridad y valores.

III. **El No es una palabra constructiva.** Hay que saber apreciar el valor de los límites, ya que la autoridad nos ayuda a crecer con paso seguro. Por el contrario, la falta de unos límites claros desconcierta al pequeño. Niégate pequeños caprichos y verás más claro el horizonte.

IV. **El tiempo es el mejor regalo.** No existe nada más valioso que pasar unas horas al día con nuestros hijos, escuchar sus preocupaciones y compartir sus aficiones. Ninguna compensación material puede suplirlo.

V. **La madurez es controlar deseos y retrasar gratificaciones.** Si no nos dejamos arrastrar por los primeros impulsos, estaremos tomando el control de nuestra vida y gozaremos de verdadera libertad. El que es fuerte gobierna sus impulsos y controla posibles arranques de ira.

VI. **La paciencia y la medida son grandes brújulas de vida.** La voluntad, los sentimientos, la sexualidad y la inteligencia deben estar regidos por estas cualidades para disfrutar de una vida plena y serena.

VII. **No vivimos solos.** Educar en la cooperación con los demás y en el valor del respeto sienta las bases para una vida satisfactoria y empática en comunidad. Mira siempre qué puedes hacer por el familiar más cercano, aunque lo conozcas *demasiado* bien.

VIII. **Nuestra autoestima es el mayor tesoro.** Enseñar a valorarse a uno mismo, a respetar la propia libertad y la de los demás es un eje fundamental para transitar por el camino de la armonía. Autoestima es confianza y seguridad.

IX. **El pensamiento positivo rompe barreras.** Los estímulos constructivos hacen más por la motivación de los pequeños que el castigo y el lenguaje negativo repetido. Aprende a ver más lo bueno que lo malo: educación de la mirada psicológica.

X. **No invoquemos al futuro y amemos el presente.** Enseñar a nuestros hijos a disfrutar del hoy y el ahora, a hacer las cosas con tranquilidad, es una vacuna contra la ansiedad y la insatisfacción.

capítulo tres

Junio. Los amigos: nuestra familia espiritual

La Biblia enseña a amar a nuestros enemigos como si fueran nuestros amigos, posiblemente porque son los mismos.

VITTORIO DE SICA

La amistad tiene tres aspectos fundamentales:

• El primero es el interés que una persona suscita en nosotros, por lo que dice, por lo que nos aporta, por lo que enseña. Tenemos hermanos por genética, pero a los amigos los seleccionamos. *Uno se retrata en los amigos que elige*, y a veces se descalifica por su causa.

• En segundo lugar, la amistad es donación. La mística tradicional dice que el *ser humano se realiza más dando que recibiendo*. Eso no significa que al dar nos quedemos vacíos, sino que *et abundancia enim cordis*, es decir, «de la abundancia del corazón abro la boca». Cuando das te sientes rebosante y, por lo tanto, mejor. Soltar cosas que te sobran y darlas a otro no se experimenta como una pérdida, sino como un complemento. Dice don Quijote: «Amigo que no da y cuchillo que no corta, aunque se pierda no importa».

• En tercer lugar está la intimidad. *No hay verdadera amistad si no se cuenta la vida y milagros de uno.*

La amistad es un sentimiento de atracción hacia alguien en el que aparecen estas tres características: sentimiento positivo, donación y confidencia.

La pirámide de la amistad

La mayoría de las amistades se quedan en la banda media baja o media alta de la pirámide, si utilizamos esta imagen para medir el grado de elevación espiritual, pero muy pocas suben hacia arriba. Eso sucede porque *la amistad íntima es un riesgo*. Corres el peligro de que al contar tus intimidades el otro las desvele.

La relación entre psiquiatra y paciente es una relación de amistad desigual, ya que el paciente le cuenta al doctor todas sus intimidades. El doctor, a su vez, mantiene el secreto profesional, que es casi un secreto militar. Es una amistad desigual, pues está claro que el psiquiatra no cuenta al paciente su vida, mientras que de este último termina sabiéndolo casi todo.

Freud tumbaba a sus pacientes en un diván; además, se ponía detrás de la cabecera para que no hubiera contacto facial y le hablaran con total libertad. El paciente a menudo hacía asociaciones a petición del terapeuta, enunciaba palabras sueltas, retazos, y en ese hablar sin sentido iba sacando sus vivencias deshilachadas en esa oceanografía íntima.

La relación entre dos amigos es, en cambio, bidireccional, lo que hace la experiencia más apasionante, pero también doblemente peligrosa.

Tal vez fue Voltaire quien hizo una definición más brillante de lo que es una amistad en la parte alta de la pirámide:

> La amistad es un contrato tácito entre dos personas sensibles y virtuosas. Digo sensibles porque un monje o un solitario pueden ser personas de bien y no conocer la amistad. Digo virtuosa porque los malvados solo tienen cómplices; los sensuales, compañeros de juerga; los codiciosos, asociados; los políticos reúnen a su alrededor a los partidarios; los holgazanes tienen relaciones y los príncipes, cortesanos; pero solo las personas virtuosas tienen amigos. Cetejo era cómplice de Catalina, y Mecenas, cortesano de Octavio, pero Cicerón era amigo de Ático[1].

1. Voltaire, *Diccionario filosófico*, Akal, Madrid, 2007.

De todos los métodos prácticos que se han escrito para cultivar amistades, el más exitoso ha sido sin duda el de Dale Carnegie: *Cómo ganar amigos e influir sobre las personas*. Publicado en 1936, fue de hecho el primer fenómeno editorial masivo en el campo de la autoayuda.

Durante la Gran Depresión norteamericana, millones de personas trataban de ganarse la vida vendiendo «a puerta fría». Dale Carnegie se dedicó a vender cursos por correspondencia a rancheros, antes de ser comercial de beicon, jabón y manteca. Tras ahorrar un dinero, estudió arte dramático en Nueva York y escribió un manual con consejos muy sencillos que cualquier persona podía llevar a la práctica.

Pero ¿qué es lo que dice este manual, que setenta y cinco años después sigue resultando útil a millones de personas?

Uno de los aspectos en los que hacía hincapié Carnegie era en las prioridades del interlocutor:

> Recuerde que las personas con las que está hablando están cien veces más interesadas en sí mismas, en sus necesidades y problemas que en los problemas de usted. El dolor de muelas de alguien significa más para esa persona que el hecho de que una hambruna en China mate a un millón de personas. Un sarpullido en el cuello significa más para quien lo padece que cuarenta terremotos en África. Piense en eso la próxima vez que inicie una conversación[2].

2. Dale Carnegie, *Cómo ganar amigos e influir sobre las personas*, Elipse, Madrid, 2009.

Con este punto de partida, los consejos de este maestro de la oratoria apuntan a hábitos muy simples que a menudo se nos pasan por alto:

- Se consigue mucho más en las relaciones sociales elogiando inteligentemente que censurando. Es ineficaz criticar al otro, ya que automáticamente se pondrá a la defensiva e intentará justificarse. La crítica no educa, sino que crea resentimiento hacia quien la practica.
- Es mucho más productivo corregirse a uno mismo que intentar cambiar a los demás. En lugar de censurar a la gente, es más efectivo comprenderla y averiguar por qué actúa de determinada manera.
- Las personas que gozan de más popularidad son aquellas que dejan hablar a sus interlocutores y se interesan sinceramente por sus problemas.
- Una ley que no falla: se hacen más amigos en dos meses interesándote por la otra gente que en dos años intentando que la gente se interese por ti.

Un caso práctico: cuando la timidez es extrema

Llega a mi consulta un chico de Jaén, con estudios básicos, que trabaja en la construcción con su padre. Me doy cuenta de que es un chico muy listo, pero él no es consciente de ello. Le hago dos test de inteligencia y veo que podría estudiar perfectamente medicina o alguna otra carrera difícil, pero por razones familiares trabaja en la empresa de su padre.

Tiene una personalidad que evita el contacto con la gente: lo que en el lenguaje técnico de los psiquiatras se llama *avoi-*

ding personality. Me explica que no sale casi nunca y que en el pueblo se ríen de él. Cualquier situación social es interpretada por él en clave de humillación. Por ejemplo, si en un bar el camarero le pregunta si quiere hielo, inmediatamente piensa que aquello tiene un segundo significado y que se está burlando de él.

Esta prevención hace que le aterre acudir a fiestas y que no se relacione con otras personas. Tiene verdadero miedo al contacto con los demás, especialmente si se trata de personas nuevas.

Lo primero que hago es proponerle que, cuando tenga que ir a un sitio donde haya gente que no conozca, se tome un ansiolítico media hora antes para que cuando llegue la tensión emocional y muscular se haya relajado. Luego le enseño ejercicios de habilidades sociales, llamados ejercicios de asertividad, que consisten en practicar lo siguiente:

- Mirar a los ojos.
- Luchar por no quedarse bloqueado.
- Aprender a hablar de temas intrascendentes.
- Participar en la conversación.
- Quitarle importancia si ha dicho algo incorrecto.
- Preguntar a la gente por sus cosas.
- Tener preparado alguna anécdota sobre su vida.

Como este paciente depende mucho de la opinión ajena, hago con él un ejercicio específico que consta de cuatro partes y que explico al final de este capítulo.

Al cabo de dos semanas y media le doy el alta. El paciente regresa a Jaén y, cuando vuelvo a verlo, me encuentro con un cambio extraordinario. La madre me cuenta que el giro ha sido enorme, que sale a la calle casi a diario e incluso ha acudido al cumpleaños de un primo.

Hoy en día el chico está perfectamente. Se ha apuntado a un club de senderismo, va a la parroquia de su pueblo a cantar en un coro y me visita cada tres meses para hacerle un seguimiento. Progresa de forma notable.

La llave de la empatía

Esta es una herramienta fundamental para relacionarnos eficazmente con los demás. No solo nos permite entender los sentimientos y actitudes de los otros, sino que nos ayuda a encarnarnos en ellos para explorar sus puntos de vista.

La empatía es la clave de la inteligencia emocional, porque quien sabe reconocer las emociones ajenas también poseerá esta habilidad con su propio mapa de sentimientos y motivaciones. *Una persona empática sabe conectar rápidamente con las emociones de los demás*, lo que le permite fortalecer los vínculos en los campos de la amistad y la pareja. Sabe cuándo debe hablar y cuándo callar, porque va leyendo el estado de ánimo de su interlocutor a través del *feedback* que recibe.

Para ello debemos olvidarnos temporalmente de las propias necesidades y preocupaciones, sumergiéndonos en el mundo del otro. Un método seguro para estrechar lazos es interesarse sinceramente por el centro de gravedad de su vida. Sin duda, una comunicación de calidad no debe someternos a los caprichos de nuestro interlocutor, pero hay que tener en cuenta este principio: *para acercarse al otro debemos ir a su terreno*. Si disponemos de más empatía que la persona con la que nos relacionamos, nos corresponde a nosotros dar el paso.

Aunque existen personas naturalmente empáticas, según los especialistas en comunicación esta habilidad se puede educar incorporando a nuestra vida estos diez hábitos:

1. **Escuchar sin pantallas mentales.** Uno de los obstáculos para comprender a los demás es que les interrumpimos constantemente mientras están hablando. Incluso aunque estemos en silencio, eso no significa que estemos escuchando, ya que si ponemos entre nuestro interlocutor y nosotros pantallas mentales —opiniones, prejuicios o expectativas— no lograremos una verdadera comunicación.
2. **No hay que dar consejos que no nos han pedido.** Aunque es una costumbre muy arraigada, cuando alguien se está sincerando no debemos juzgarlo o decirle lo que debe hacer, a menos que nos lo haya pedido expresamente. Esta actitud puede ser interpretada como prepotencia, ya que parte de la presunción de que estamos más capacitados para decidir que la otra persona.
3. **Preguntar con delicadeza.** Un detonante de la empatía es interesarse por el mundo del otro sin que por ello se sienta invadido. Si escuchamos con atención, sabremos cuál es el mejor momento para hacer una pregunta que nos permita ahondar en el tema.
4. **Expresar los propios sentimientos.** La comunicación de calidad es siempre bidireccional. Para que se dé un clima de confianza y complicidad, ambas personas deben poner las cartas sobre la mesa. Al sincerarnos con nuestro interlocutor le estamos invitando sutilmente a abrirse.
5. **Demostrar afecto.** No se trata de fingir algo que no sen-

timos, sino de mostrar una actitud cálida y cariñosa para facilitar el intercambio de opiniones y sentimientos. Sin embargo, debemos huir de actitudes paternalistas que creen desequilibrio entre las personas.

6. **Cultivar la paciencia.** Una aproximación inoportuna o precipitada puede coartar a la otra persona, cuyo ritmo puede ser diferente al nuestro. El amor necesita tanto de la pasión como de la paciencia[3].

7. **Indulgencia con los demás.** Sacar a relucir los fallos ajenos dinamita la comunicación. En los cursos de inteligencia emocional suele ponerse el ejemplo del conferenciante al que alguien hace el comentario: «Tiene usted una mancha en la camisa», con lo que se rompe el clima de buena comunicación para centrarse en un detalle negativo. Debemos cuidar de que las personas que nos rodean se sientan cómodas y relajadas.

8. **Ser conscientes del lenguaje no verbal.** Hay pequeños gestos corporales que nos aportan una información muy valiosa sobre el humor y ánimo del otro. Un signo de impaciencia o irritación, por ejemplo, nos comunica que estamos importunando a la otra persona. Leer estos avisos sutiles nos permite rectificar.

9. **Educar la mirada para ver siempre el lado positivo de todo.** Una actitud pesimista —sobre todo cuando se refiere a los planes e ilusiones del otro— socava la confianza, ya que nuestra presencia será vista como una amenaza. Para lograr una relación más fértil y próxima, debemos poner énfasis en los aspectos que nos unen al otro en lugar de insistir en las posibles diferencias.

3. Paciencia es saber esperar y saber continuar.

10. **Asumir la culpa**. Los expertos en gestión de conflictos recomiendan que, ante una situación interpersonal difícil, la persona con más empatía debe abrir brecha cargando con parte de la culpa, incluso aunque no la tenga. Esta estrategia sirve para que el otro deje de estar a la defensiva y reconozca sus propios errores. Aceptar que somos imperfectos humaniza la relación y rompe la rigidez que genera la tensión.

Alerta: vampiros energéticos al acecho

La amistad se hace de confidencias y se deshace con indiscreciones. Es muy importante que el sentido confidencial de la intimidad esté sellado con varios cerrojos, ya que eso da a la relación una gran firmeza. Saber mantener la boca callada nos puede evitar muchos conflictos en nuestro entorno personal.

Como el amor, la amistad también pasa por sus altibajos. Hay amistades fuertes que son intermitentes, como las que solo tienen lugar en verano. En otras, con el paso del tiempo se puede producir un cierto desencanto, pues en la amistad también existe una exaltación del otro.

No hay que olvidar que en todas las relaciones aparecen sentimientos que son archipiélagos sentimentales alrededor de la amistad, como la envidia. Este es un sentimiento universal. En España hay una frase que se dice a menudo: «Yo tendré muchos defectos, pero envidioso no soy». Y, sin embargo, envidiosos lo somos todos.

Envidia viene del término latino *invidere*, que significa «mirar de reojo». Y se define desde el punto de vista escolástico como la «tristeza por el bien ajeno o alegría ante el mal del otro».

La envidia se combate con un gran antídoto: copiar en tu persona lo que ves positivo en otro. Ese es un proceso de aprendizaje de los dos tipos que hay: por similitud y por contraste. El aprendizaje por similitud se basa en la figura del maestro. El aprendizaje por contraste se da, por ejemplo, cuando alguien afirma: «He aprendido de mi padre cómo no se debe tratar a una mujer».

Los aprendizajes sanos son los que se dan por semejanza.

La lucha por la atención

El terapeuta y novelista norteamericano James Redfield formuló una teoría según la cual en las amistades de baja calidad hay una guerra encubierta para capturar la energía —es decir, la atención— del otro, como un vampiro que arrebata la vitalidad de su víctima. Esta lucha explicaría por qué ante algunas personas nos sentimos vacíos y agotados tras compartir un tiempo su compañía.

A fin de identificarlas, este autor sugiere una clasificación en cuatro clases de personalidades, cada cual con su estrategia diferenciada para lograr ser el centro:

- **El intimidador.** Este perfil nos hace sentir inseguros o incómodos. Dice y hace cosas que preven que en cualquier momento será presa de un ataque de rabia o violencia. Con esta estrategia captura nuestra atención y nos atrae, empujados por el temor, hacia su punto de vista.
- **El interrogador.** Utiliza la crítica para minar nuestra autoestima. Se trata de un manipulador que procura obtener información personal hasta encontrar una brecha y

hacernos sentir inseguros. Con este fin, criticará nuestro modo de vivir para demostrar autoridad sobre nosotros bajo un falso paternalismo.

- **El distante.** Cuando se halla en una fiesta o evento social, se aleja del grupo para llamar la atención. A veces adopta un aire triste o malhumorado. Para que nos acerquemos a él, utiliza el sentimiento de culpa, ya que con su actitud nos transmite que no lo estamos tratando adecuadamente y que, por lo tanto, debemos cuidarle.
- **El «pobre de mí».** Adopta un perfil victimista. Debido a que no tiene fuerza y valor propios para luchar por la atención, su estrategia es ganar nuestro apoyo a través de lamentos. Así se sitúa en el centro y logra arrastrarnos a su hipotética tragedia.

ALGUNAS NOTAS SOBRE LA PERSONALIDAD

Antes de seguir explorando el campo de la amistad, con sus peligros y satisfacciones, merece la pena que pasemos revista a algunos de los elementos que estructuran una personalidad:

- Las personas demasiado extravertidas, muy frías de sentimientos o, por el contrario, demasiado afectivas tienen una cierta descompensación en los elementos que configuran su personalidad, que, en algunos casos, puede ser la antesala de un desajuste o trastorno de la misma.

- En toda personalidad hay zonas transparentes y territorios opacos. Existe una parcela exterior que puede ser valorada objetivamente, y otra interior que se mueve en un plano más escondido.

- La personalidad de cada individuo es un producto singular; nunca puede entenderse como algo fabricado de serie. Supone integración de recursos, habilidades y estilos[4].

- El conocimiento de la personalidad nos permite predecir la conducta de un individuo, así como su actuación ante una situación determinada. Hay un conjunto de papeles que un ser humano en concreto es capaz de desempeñar, tanto en el plano actual como en el potencial. Los elementos permanentes de la personalidad conforman un sustrato que permite el reconocimiento de la misma a pesar de las modificaciones, las reformas o las transformaciones.

- La personalidad no es algo estático, sino dinámico. Se encuentra siempre en movimiento, como una realidad abierta, amplia, cambiante, que va recibiendo las influencias de todas y cada una de las vivencias del individuo, las cuales terminan configurando su perfil. Desde los microtraumas a los macrotraumas, pasando por las experiencias positivas, todo se va depositando en la persona y va dejando su huella. La conducta es el producto de una relación recíproca entre la forma de ser y el ambiente por el que uno circula.

- La personalidad sana es aquella que ha logrado un grado de madurez suficiente en relación con la edad, lo que supone un buen conocimiento de uno mismo, la propia aceptación, el diseño de un proyecto de vida y la capacidad de tener una conducta coherente, adaptada a la realidad, con metas y objetivos realistas y concretos.

4. En mi libro *Quién eres*, Temas de Hoy, Madrid, 2008, analizo con detalle este tema, sobre la base de que el tríptico de la personalidad descansa sobre el equipaje genético, el ambiente y la biografía.

Compañeros de cordada

En nuestra sociedad hay cuatro modelos de relación muy interesantes que son: el profesor, el padre, el maestro y el destino. *El profesor enseña una asignatura* y se queda ahí. *El padre es el primer educador; por lo tanto, es el modelo de identidad*; si este es capaz de dar una buena educación, la persona nace fortalecida. *El maestro enseña lecciones que no vienen en los libros*. Al alumno le gustaría parecerse al maestro, pues hay algo en él que descubre que le arrastra en esa dirección. Y finalmente *el destino es el sujeto cuya vida tiene ejemplaridad*; es decir, el seguimiento de esa vida te empuja a imitarla.

Actualmente se produce un fenómeno que es el miedo de muchos profesores a dar clase a los alumnos. También hay muchos padres que no ejercen de tales. Por lo tanto, tenemos muchos profesores, padres que no ejercen, pocos maestros y escasos destinos.

Vivimos en una sociedad con modelos de identidad poco sólidos, y eso se ve claramente en la amistad, que sigue siendo un valor eterno, pero para que sea auténtica y ascienda en el nivel de la pirámide requiere entrega y riesgo por nuestra parte.

La fuerza de volar unidos

El periodista y escritor Martí Gironell recogió en su libro *Plan de vuelo* una experiencia que tuvo lugar en el desierto de Arizona. Trescientos paracaidistas consiguieron batir un récord aparentemente imposible: volar unidos en caída libre y en formación durante tres segundos.

Aunque parezca muy poco tiempo, a doscientos kilómetros por hora era un reto casi imposible que un número tan grande de paracaidistas lograra coordinarse y permanecer unido. Por eso nunca antes se había conseguido. Al estudiar el caso, se descubrió que las claves del éxito estuvieron en factores como

- La flexibilidad de cada uno para adaptarse a un entorno imprevisible.
- La capacidad de resolver pequeños conflictos que se generan a lo largo de la aventura.
- Saber mantener la estabilidad y el rumbo según el plan trazado.
- Una visión de conjunto siempre en el horizonte.
- El compromiso de todo el equipo para introducir cambios y mejoras para el bien común.

Al hablar de la gesta de los trescientos paracaidistas, Gironell remarca la importancia de la familia y los amigos, que nos sirven de paracaídas en los momentos difíciles. Cuando una situación parece empujarnos al vacío o cuando dejamos el terreno conocido para dar un salto hacia lo desconocido, nuestro entorno afectivo nos aporta apoyo y seguridad.

> El paracaídas que nos procura la familia y los amigos está formado, por una parte, de una campana de lona que nos envuelve y protege y, por la otra, de una trama de cuerdas y nudos. Estos vínculos han de estar bien atados para que el artefacto se despliegue con garantías y desafíe el aire. Si los vínculos y los lazos afectivos son fuertes, robustos y sinceros, el paracaídas no solo se aguanta, sino que aterrizará en el mejor de los campos[5].

---

5. Martí Gironell, Josep Lagares y Josep Tàpies, *Plan de vuelo: la gran aventura de la empresa familiar*, RBA, Barcelona, 2009.

Un largo y tortuoso camino

La vida enseña más que muchos libros, sobre todo a través de la trayectoria de las personas. Cuando un buen amigo da un gran salto, ya sea económico o social, es muy importante saber encajar la nueva situación. Oscar Wilde decía que «cualquiera puede simpatizar con las penas de un amigo, pero simpatizar con sus éxitos requiere una naturaleza *delicadísima*».

A menudo, cuando alguien asciende abruptamente, sus compañeros de vida se sienten repentinamente abandonados, porque esta persona dispone de menos tiempo o se mueve en otra clase de círculos sociales.

En este caso, no estamos hablando necesariamente de envidia, aunque también puede producirse, sino de resentimiento, palabra que aparece recogida por Corominas en el siglo XII y que significa «sentirse olvidado»: se produce como una reacción a un agravio que uno ha padecido de alguien. Este puede ser real o subjetivo. Real quiere decir que una persona ha maltratado públicamente a otra y subjetivo, que recoge el aspecto de cómo esa persona ha recibido esa dolencia psicológica.

La vida se rige por el amor y por el odio. El perdón y el olvido van de la mano y son un antídoto infalible para descargarnos de sufrimientos inútiles para la existencia. *La felicidad consiste en tener buena salud y mala memoria*. La capacidad para olvidar es un seguro de salud mental.

Un caso práctico: la soledad como regreso al pasado

Voy a contar una historia de una paciente que desea que la exponga como ejemplo para los lectores. Se trata de una chica asturiana de 25 años que viene a la consulta porque ha sido maltratada y ha sufrido abusos sexuales por parte de su padre. Con su madre mantiene una relación regular.

En su trabajo ha conocido a una mujer mayor que le ha hecho de segunda madre. La llama a diario para hablar. También tiene una prima con la que tiene muy buena relación.

Esta paciente está herida y tiene una fijación por el pasado. Todo el día piensa en lo que le sucedió.

Hemos hecho tres sesiones de psicoterapia y ha tomado una medicación contra la ansiedad. Cuando no está haciendo nada y se encuentra sola, siempre regresa al pasado. Estamos cerrando estas heridas para que no se vuelva una mujer conflictiva y neurótica que suelte agresividad permanentemente.

Esta joven tenía un novio que la ha dejado, agotado por la negatividad de ella, que se pasaba el día recordándole lo mucho que ha sufrido. Dado que el novio no es psicólogo, se ha visto rebasado.

Ella ya tiene aceptado un plan de vida para cambiar, pero no cree en los hombres. Le digo que no puede convertir una anécdota negativa en una ley. Aparte de esto, tiene una hipersensibilidad psicológica. Cualquier cosa le afecta: un disgusto, una palabra inadecuada... Necesita ser más cartesiana, utilizar más la cabeza o reaccionar más con ella. Tiene una buena amiga a la que no quiere contarle todo por miedo a que lo cuente.

Por lo que respecta al tema que nos ocupa, la receta está clara. La paciente necesita:

- Evitar la soledad (que la devuelve al pasado) y entablar relación con personas positivas.
- Por el mismo motivo, huir de la inactividad, que deja demasiado espacio en su cabeza para proyectar los viejos dramas.
- Buscar amistades a las que confiar lo que siente, aunque

sin abrumarlas adoptando constantemente el papel de «pobre de mí».

- Cambiar sus ideas preconcebidas sobre los hombres.
- Aumentar sus vínculos con un entorno sano para que los «inputs» positivos vayan sustituyendo las heridas del pasado hasta sanarlas.

Una fábula sobre la amistad

Un colega de profesión me contó esta historia de autor desconocido que ilustra muy bien el valor de la amistad, incluso cuando se da entre dos personas que se conocen recientemente y en una situación de gran adversidad.

Dos hombres, ambos muy enfermos, ocupaban la misma habitación de un hospital. A uno se le permitía sentarse en su cama cada tarde, durante una hora, para ayudarle a drenar el líquido de sus pulmones. Su cama daba a la única ventana de la habitación. El otro hombre tenía que estar todo el tiempo boca arriba.

Los dos charlaban durante horas. Hablaban de sus esposas y sus familias, de sus hogares, del trabajo, de su estancia en el servicio militar, de los lugares en los que habían estado de vacaciones. Y cada tarde, cuando el hombre de la cama junto a la ventana podía sentarse, pasaba el tiempo describiendo a su vecino todas las cosas que podía ver desde ella.

El hombre de la otra cama deseaba ardientemente que llegaran esas horas en que su mundo se ensanchaba y cobraba vida con noticias del mundo exterior. Por su compañero sabía que la ventana daba a un parque con un precioso lago. Patos y cisnes jugaban en el agua, mientras los niños echaban a volar sus cometas. Los jóvenes enamorados paseaban de la mano entre flores de todos los colores. Grandes árboles adornaban el paisaje y se podía ver en la distancia el bello perfil de la ciudad.

Mientras el hombre describía todo esto con exquisito detalle, el del otro lado de la habitación cerraba los ojos e imaginaba la idílica escena. Una tarde calurosa, el hombre de la ventana describió un desfile que estaba pasando. Aunque el otro no podía oír a la banda, podía verlo, con los ojos de su mente, exactamente como lo describía su compañero.

Pasaron días y semanas. Una mañana, la enfermera de día entró con el agua para bañarles y encontró el cuerpo sin vida del hombre de la ventana, que había muerto plácidamente mientras dormía. Apesadumbrada, llamó a los ayudantes del hospital para que se llevaran el cuerpo.

Cuando lo consideró apropiado, el otro enfermo pidió ser trasladado a la cama al lado de la ventana. La enfermera lo cambió encantada y, tras asegurarse de que estaba cómodo, salió de la habitación. Lentamente, y con dificultad, el hombre se irguió sobre el codo, para lanzar su primera mirada al mundo exterior; por fin tendría la alegría de verlo por él mismo. Se esforzó para girarse despacio y mirar por la ventana al lado de la cama... y se encontró con una pared blanca.

El hombre preguntó a la enfermera por qué su compañero muerto le había descrito cosas tan maravillosas a través de aquella ventana. La enfermera le reveló que el hombre era ciego y que no habría podido ver ni la pared, y concluyó: «Quizá solo quería animarle a usted».

Esta fábula nos enseña que, como reza el viejo dicho, el dolor compartido es la mitad de pena, pero la felicidad, cuando se comparte, es doble. También que, como afirma François Lelord en *El viaje de Héctor* (la historia de un joven terapeuta que sale en busca de respuestas para sus pacientes), *la felicidad es hacer felices a los demás.*

EJERCICIO PRÁCTICO:
CUATRO MEDIDAS CONTRA LA FOBIA SOCIAL

1. **Aprende a restar importancia al «qué dirán».** Jamás serás libre si haces depender tu bienestar de la opinión ajena. Además, las personas que nos rodean son muchas y muy diversas. Aunque quisiéramos, nunca lograríamos contentarlas a todas.

2. **Sé tú mismo y muéstrate de forma espontánea.** La naturalidad es, junto con un carácter afable, la virtud más apreciada en las relaciones sociales. En lugar de luchar por parecer lo que no somos, la segunda parte de este ejercicio implica mostrar de manera transparente lo que somos.

3. **No busques la aprobación de los demás.** Te la tienes que dar tú mismo. La autoestima consiste en dejar de evaluarnos por el *feedback* que obtenemos de los demás para ser nosotros los que juzguemos lo bueno y lo malo de nuestras actuaciones.

4. **Desdramatiza cualquier fallo que encuentres en tu conducta.** Una de las claves de la salud mental es permitirnos ser imperfectos. A lo largo del día generamos aciertos y errores, y estos últimos son valiosas lecciones para mejorar y superarnos.

EL PEQUEÑO TEST DE LA AMISTAD

1. **Lo que más valoras de un amigo es que...**
   (a) Sea incondicional y se ponga siempre de tu lado.
   (b) Su compañía sea amena y refrescante.
   (c) Te ayude a decidir lo mejor para ti, aunque a veces implique llevarte la contraria.

2. **Para ganar nuevos amigos, se trata de...**
   (a) Impresionar a los demás con nuestros logros.
   (b) Mostrarse siempre abierto y amable.
   (c) Saber escuchar e interesarse por los problemas ajenos.

3. **La mejor manera de vencer la timidez es...**
   (a) Practicando delante del espejo un discurso convincente.
   (b) Ir a muchos actos sociales para acostumbrarnos al roce con la gente.
   (c) Aceptarnos tal como somos y ser transparentes con los demás.

4. **A la hora de elegir tus amistades, sueles optar por...**
   (a) Personas lo más parecidas a ti.
   (b) Amigos con un nivel cultural afín al tuyo.
   (c) Todo tipo de perfiles y caracteres, siempre que haya puntos de encuentro.

5. **Aquellos que censuran a menudo a terceros son...**
   (a) Personalidades con criterio propio.
   (b) Individuos muy exigentes, a veces demasiado, con los demás.
   (c) Compañías poco recomendables, porque acabaremos siendo el objeto de sus críticas.

PUNTUACIÓN

Cada (**c**) suma 2 puntos y cada (**b**) 1 punto, mientras que la (**a**) no puntúa.

7 O MÁS PUNTOS

Posees un alto nivel de inteligencia social y no tienes problema para desenvolverte con todo tipo de personas. Procura, sin embargo, elegir bien a tus compañeros de cordada.

DE 4 A 6 PUNTOS

Según el momento puedes ser muy sociable o encerrarte en el caparazón de tu individualidad. A veces deberías escuchar más a los demás y olvidarte de ti mismo.

MENOS DE 4 PUNTOS

Necesitas desarrollar la empatía para ponerte en el lugar de los demás. Te cuesta prestar atención a los demás y adoptar puntos de vista que no son los tuyos.

DECÁLOGO DE LA AMISTAD

I. **Los amigos son la familia espiritual que hemos elegido.** Nos reflejamos en ellos, para bien o para mal, ya que nos ayudan a realizarnos y disfrutamos con ellos de los valores de la confianza, el compromiso y la complicidad.

II. **Un amigo íntimo es un tesoro que hay que conservar.** Existen distintos niveles de amistad, y es muy complicado llegar al más alto porque implica un intercambio bidireccional de afectos, confesiones y lealtades.

III. **Para hacer amigos hay que interesarse sinceramente por los demás.** Comprender y elogiar a las personas es mucho más provechoso que criticarlas, ya que con esto último solo logramos que se pongan a la defensiva. Sé verdadero en tus relaciones.

IV. **Aprende técnicas asertivas.** Hablar y comunicarse de forma clara ayuda a que los demás te entiendan mejor y, al mismo tiempo, a clarificar las relaciones con nuestro entorno. Adquirir habilidades sociales es saber moverse con soltura.

V. **El mejor amigo es quien se pone en el lugar del otro.** La empatía es la herramienta fundamental para entender a los demás y manejar nuestras propias emociones.

VI. **Aprende a escuchar.** Olvida los prejuicios y las expectativas. Escuchar sin filtros a nuestro interlocutor nos ofrece la oportunidad de comunicarnos de verdad.

VII. **Saber perdonar y olvidar es parte de la felicidad.** La envidia es desear lo que tiene el otro, pero puede resolverse aprendiendo de los demás en lugar de compararnos estérilmente con ellos. El rencor es un mal compañero de viaje en esta vida.

VIII. **Es fundamental diferenciar entre una amistad sana y otra que no lo es.** Las insanas son aquellas que tratan de capturar nuestra atención a toda costa y de este modo nos dejan sin energía, tiñendo de negatividad nuestro estado de ánimo. No utilizar al otro: ¡qué principio tan sabio!

IX. **Debemos aprender a entregarnos.** La amistad requiere a veces renunciar a las propias prioridades para ponerse al servicio de quien más lo necesita, sin por ello dejar de ser nosotros mismos. Donación de verdad.

X. **La familia y los amigos, nuestro paracaídas.** Estos son vínculos y relaciones que reclaman toda nuestra dedicación, ya que si están bien constituidos nos rescatarán de cualquier caída.

SEGUNDA PARTE

VERANO. LA ALEGRÍA DE VIVIR

capítulo
cuatro

Julio. Todo lo que nos hace infelices

Explicado de forma simple, creemos que las cosas o las personas son la causa de nuestra infelicidad, pero eso no es exacto. Cada persona se hace a sí misma infeliz.

WAYNE DYER

Cada cual es hijo de sus obras y labra su propio destino. No es fácil determinar en qué consiste la felicidad, ya que cada persona tiene su propia idea de lo que le provoca este sentimiento tan buscado como indefinible. Sin embargo, hay hábitos y actitudes comunes en la infelicidad de la gente, ya que el verdadero campo de minas está en nuestra manera de pensar y sentir.

El tiempo es fugaz y si no somos capaces de hacer un balance de lo que nos hace infelices, los problemas permanecerán mientras continuamos en el mismo lugar y del mismo modo.

En este capítulo detectaremos los prejuicios y las ideas preconcebidas que nos hacen fracasar emocionalmente y mirar a los demás con hostilidad. Antes de pasar a la práctica, para entender la raíz de los males humanos que se generan en la mente, acudiremos a una escuela filosófica que estudió a fondo la desdicha humana: el estoicismo.

La infelicidad según los estoicos

Esta escuela filosófica[1] nacida en el 301 a. C. afirmaba que en el mundo todo sucede de forma necesaria y con un rumbo fijo. Todo está escrito y se repite cíclicamente.

Para los estoicos, vivimos en el mejor de los mundos posibles, y este arde y renace de sus cenizas como un ave fénix, una y otra vez, para volver a revivir su historia. Pero esta idea ¿dónde deja nuestra libertad? Epicteto, que nació como esclavo, dijo al respecto: «Es un necio quien crea que la libertad consiste en querer que todo ocurra de acuerdo con nuestros deseos».

La filosofía estoica es práctica en este sentido, y divide en dos clases las cosas en este mundo:

a) Aquellas que dependen de nosotros (nuestros apetitos, juicios y opiniones).
b) Aquellas que no dependen de nosotros (en las que intervienen otras personas, como el amor, la riqueza o la posición).

Según esta simple explicación, el hombre no es libre, y por consiguiente no es feliz, cuando se encabezona en conseguir aquello que no depende de él. Si, por el contrario, se ocupa de sus propios actos, nadie podrá obligarle a hacer algo que no desee. *Soñar continuamente con lo que está fuera de nuestras posibilidades y, en cambio, olvidar lo que podemos hacer conduce a una vida de tristeza y amargura.*

1. Fue fundada por Zenón de Citio y prolongada por Séneca y Marco Aurelio. Su nombre procede de la *stoa,* que significa «pórtico», ya que las clases se daban en el jardín.

Para los estoicos, la felicidad consiste en la *ataraxia* o tranquilidad del alma y esta se alcanza por la práctica de la virtud. En el alma domina la parte racional, y cuando alguien logra eliminar aquello que le viene del exterior y controlar sus propias pulsiones, entonces puede decirse que vive tranquilo, en paz consigo mismo. Una persona feliz es aquella que no se deja perturbar por las contingencias del día a día, pues ha ordenado su vida a la semejanza de la naturaleza y fluye a través de la razón.

Para los estoicos, si no seguimos la razón y decidimos mal, lo único que conseguiremos será sufrir. Es decir, si vemos un charco debemos evitarlo, ya que, si nos empeñamos en pisarlo, lo normal es que se nos estropeen los zapatos. Séneca hablaba así al respecto: «Es feliz, por tanto, el que tiene un juicio recto; es feliz el que está contento con las circunstancias presentes, sean las que fueran, y es amigo de lo que tiene; es feliz aquel para quien la razón es lo que da valor a todas las cosas de su vida».

Nuestro bien más preciado: el tiempo

Si llevamos una vida menos orientada hacia lo material, si no prestamos tanta atención a lo que los demás tienen y pueden darnos, y nos centramos en lo que ya tenemos, apaciguaremos nuestras pasiones. Lograremos así una calma que nos permitirá ver la vida con más claridad y tomar decisiones de un modo más racional, y por ello vivir una vida feliz y libre.

Pero el tiempo nos pisa los talones —*tempus fugit*— y sentimos que no podemos hacer todo aquello que desearíamos. Miramos atrás y las lecciones aprendidas nos parecen vacías, porque podemos luchar contra el materialismo, pero el tiempo siempre nos parece insuficiente. Sobre esto, Séneca explicaba que *nuestra existencia no es breve, ni mucho menos, sino que la desperdiciamos en cosas sin importancia*, y ese es el motivo por el que el tiempo nos parece fugaz. *Debemos aprender a administrar nuestro bien más preciado: nuestro tiempo*[2].

Siguiendo la doctrina estoica, si aprendemos a valorar las cosas importantes y esenciales, aquello que realmente deseamos y depende de nosotros, y si nos conducimos de una forma calmada y temperada por la razón, sin dejarnos arrastrar por los impulsos, veremos cómo nuestro tiempo se alarga y da para mucho más de lo que habíamos imaginado.

Además de separar lo fundamental de lo accesorio, los estoicos consideraban que la esencia divina está en todo y en todos, y por lo tanto creían en la unidad entre los ciudadanos del mundo[3], una visión que hoy llamaríamos cosmopolitismo. Aquel que vive conforme a la razón es cosmopolita, y como tal defiende la igualdad y la solidaridad entre todos los hombres. Cuando uno es feliz, desea que todos lo sean.

El arte de vivir según Marco Aurelio

Para el militar y pensador romano autor de las *Meditaciones*, tal vez el primer autor de autoayuda de la historia, la vida a veces es un trago difícil, se nos presenta dura y complicada. Es

2. No olvidemos la importancia del *carpe diem*, «aprovecha el momento». Equivale a decir: para el reloj y disfruta hoy y ahora.

3. Hay dos conceptos que conviene recordar: *cronos*, el tiempo del reloj, y *kairós*, que significa *el momento justo* y es el encuentro especial que tenemos con alguien o el descubrimiento de alguna verdad para mejorar y crecer como personas. En la mitología griega, Kairós es el dios del tiempo y de las estaciones. Para un psiquiatra es el *tiempo existencial*.

un camino en el que el rumbo ha sido borrado por la tormenta, pero hay que ser fuerte y aprender de las dificultades, sacar fuerzas de la adversidad. La mano de Marco Aurelio era firme y su mente lógica, como seguidor de la escuela estoica.

Su filosofía de la existencia era clara y sin adornos: *la vida es dura y debemos prepararnos para las contingencias*. Disfrutar sin medida y entregarnos al gozo no sirve de nada, pues *las cosas placenteras solo duran un instante* y nos dejan indefensos ante lo que viene después. En cambio, si somos conocedores de la naturaleza de lo que nos rodea, si nos mostramos fuertes y no nos dejamos tentar por cualquier cosa, venceremos cualquier embestida de la vida. Hablaba así: «El arte de vivir es más semejante a la lucha que a la danza, por el hecho de que hay que mantenerse inamovible y preparado para lo que nos pueda caer y nos sea desconocido».

Marco Aurelio combinaba el pesimismo y el optimismo del siguiente modo: para él vivir es duro, agotador y requiere mucho esfuerzo por nuestra parte, pero la recompensa es la propia vida.

Como los maestros estoicos, alertaba sobre la pérdida del tiempo, demasiado efímero y precioso. Recordaba en sus anotaciones que hasta el hombre más importante cae en el olvido. Vivimos por un breve lapso de tiempo, en el ahora, y jamás hemos de olvidar eso. Por eso *debemos atesorar cada momento y vivir en el presente*, dejar de pensar en pasado y en futuro, y concentrarnos en el lugar y el instante que estamos respirando.

Utilizar bien nuestro tiempo significa dar importancia a las cosas presentes para que en el futuro alcancemos nuestras metas: «Fracasamos los hombres y sentimos cansancio ante la vida cuando no tenemos un fin al que dirigir nuestros esfuerzos y pensamientos».

Para Marco Aurelio, una existencia digna de ser vivida debe ser virtuosa; debemos alejarnos de las comodidades mundanas y de las pasiones que no nos dejan actuar bajo el mandato de la razón.

Los ocho secretos de una vida realizada

Como buen estoico, Marco Aurelio creía que quien aspire a tener una vida feliz debe guiarse por la razón y la lógica, sin dejarse engañar por los deseos que desatan los estímulos que nos llegan desde el exterior.

El arte de vivir, según este pensador, es claro y conciso:

1. Sé fuerte y no dejes que nada te destruya.
2. Acepta que eres más que las posesiones que te rodean y el cargo en el que estás o quieres estar.
3. Aprende de los golpes de la vida.
4. Sé un poco mejor cada día.
5. Disfruta de cada instante como si fuera el último, sin preocuparte de la huella que dejas.
6. Toma cada decisión con calma y razón.
7. Piensa cada acto antes de realizarlo, sé dueño de todo aquello que hagas.
8. En definitiva, disfruta de tu vida y responsabilízate de ella.

Marco Aurelio[4] estaba convencido de que las limitaciones no nos vienen del exterior, sino que viven en el seno de cada

4. Fue emperador en el Imperio romano (siglo II d. C.). Su hijo Cómodo y el general Livio lucharon por el poder de forma sangrienta en una época tumultuosa y atroz. Le precedieron en el poder Trajano, Adriano y Antonino. Él fue el más equilibrado e intelectual.

persona. Para derribarlas, se refería a «la provincia del hombre», un concepto que en la era moderna daría título a una novela de Elías Canetti, pero que el pensador romano explicaba así: «Aunque tus fuerzas parezcan insuficientes para la tarea que tienes ante ti, no asumas que está fuera del alcance de los poderes humanos. Si algo está dentro de los poderes de la provincia del hombre, créelo: también está dentro de tus posibilidades».

La fábrica de conflictos

Hay que aprender a controlar los pensamientos negativos, que cuando uno está *solo* e *inactivo* emergen en forma de recuerdos dolorosos que piden paso y nos hacen sufrir. A continuación hablaremos de ellos.

Una conocida fábula de Paul Watzlawick, el autor de *El arte de amargarse la vida*, explica cómo la propia mente puede ser una efectiva fábrica de conflictos cuando, en lugar de atenernos a lo objetivo y racional, como aconsejaban los estoicos, nos proyectamos hacia lo que creemos que los demás piensan de nosotros.

> Imaginemos un hombre al que le falta un martillo para clavar un clavo. Antes de ir a casa del vecino a pedírselo, le asalta una duda: «¿Y si no quiere prestármelo?». Enseguida recuerda que el día anterior se cruzó con él y ponía una cara muy seria. «¿Tendrá algo contra mí?» El hombre empieza a preguntarse qué puede haber hecho para que su vecino le tenga antipatía, y presupone que —a diferencia de él— el vecino no le querrá prestar el martillo. Vivamente indignado, el hombre llama a la

puerta del vecino y, antes de que este pueda saludarlo, le suelta: «¡Quédese usted con su martillo, so penco!»[5].

En otro «antiayuda» —es decir, un libro que señala lo que *no* debemos hacer—, en este caso de Gil Friedman[6], se enumera una serie de actitudes muy comunes que son *garantía de infelicidad*. Estas son solo algunas de ellas:

- Centrarnos en la parte de nuestra vida que no nos satisface.
- Mantenernos en constante actividad, tensión y excitación.
- Evitar la regularidad en los horarios y hábitos.
- Compararnos con los demás.
- Consumir mucho y producir poco.
- Endeudarnos y desear cada vez más.
- Tomarlo todo personalmente.
- Atribuir nuestra infelicidad a nuestra pareja o a la ausencia de pareja.
- Buscar fuera de nosotros lo que debe completar y dar sentido a nuestra vida.
- Quejarnos constantemente.
- Dejarlo todo para mañana.
- No perdonar a nadie, ni a nosotros mismos.

5. Paul Watzlawick, *El arte de amargarse la vida*, Herder, Barcelona, 2009.
6. Gil Friedman, *Cómo llegar a ser totalmente infeliz y desdichado*, Sirio, Málaga, 2005.

Un caso práctico: la mujer que luchaba contra los pensamientos negativos

Una paciente me contó todas las desgracias de su vida durante una sesión que se prolongó dos días. Todo eran calamidades: sucesos negativos, desprecios, soledades, no encontraba un hombro donde refugiarse..., hasta que obtuvo una plaza de guardia civil en un pueblo en el que conoció a una mujer que ejercería como su segunda madre.

Con el bombardeo de estímulos a los que estamos sometidos, muy poca gente tiene la capacidad de hacer una síntesis. Por eso mismo, una de las principales tareas del psiquiatra es intentar reconstruir a una persona que está dañada, dolida o atrapada en recuerdos negativos.

La pregunta que me planteaba esta paciente era: «Doctor, ¿qué hago con los pensamientos negativos?». Los fines de semana en los que no tenía plan le asaltaba el rebobinado de sus experiencias negativas. Por eso vivía en un presente empapado de su pasado negativo.

En la psicología moderna se han desarrollado *técnicas de autocontrol mental*, estrategias para aprender a gobernar los pensamientos negativos. La primera clave es identificarlos como tales. He aquí algunos de los pensamientos automáticos o negativos que pueden asaltarnos:

- Rencor hacia personas que creemos que nos han tratado injustamente. Es decir, sentirse dolido y no olvidar.
- Insatisfacción e impotencia debido a nuestra situación actual.
- Envidia hacia los que consideramos que están mejor que nosotros.

- Recordar errores cometidos en el pasado y que, por consiguiente, ya no tienen remedio.
- Temor ante cosas que podrían acontecer en el futuro. Es decir, adelantarse en negativo.
- Preocupación por lo que deben pensar los demás de nosotros.

Además de restar valor a este tipo de pensamientos negativos, que hay que identificar y dejar pasar como si fueran nubes, el primer consejo que di a mi paciente era que tuviera presente que *dos cosas que afectan de forma negativa a una mente preocupada son la inactividad y la soledad*, especialmente en fin de semana. La paciente en cuestión llevaba veinticinco años con el hábito de irse de excursión hacia atrás y repasar su pasado en negativo.

En segundo lugar, le dije que cuando le vinieran pensamientos negativos, si no podía evitarlos, lo mejor era *cambiar de actividad:* llamar por teléfono, poner la televisión, leer el periódico...

En tercer lugar, le puse como tarea *anotar cuatro o cinco experiencias negativas* para comentármelas.

Ahora mismo estamos en plena terapia y ella está preocupada porque no sabe si va a mejorar. Mi experiencia me dice que si va cambiando poco a poco de hábitos, busca buenas compañías y plasma en una libreta los pensamientos escritos, conseguirá levantar su estado de ánimo. El objetivo es descubrir las ideas negativas y su falta de sentido.

Tus zonas erróneas

Uno de los libros que más recomiendo a los pacientes con pensamientos negativos es *Tus zonas erróneas*, de Wayne Dyer.

Todo el discurso del libro se basa en un principio muy simple: *dado que las emociones negativas son causadas por nuestros pensamientos, al modificar estos lograremos sanar nuestras emociones* y transformar nuestra vida.

Entre las «zonas erróneas» que señala este doctor en psicología están:

- La adicción a las opiniones ajenas y la dependencia de los demás.
- El sentimiento de culpabilidad.
- El miedo a lo desconocido.
- Las conductas rígidas.
- El hábito de postergar las cosas.

Dyer habla de la necesidad de practicar el desapego, lo que no significa no tener relaciones con los demás, sino dejar de depender de ellos para no ser vulnerable ni esclavo de otros. En sus propias palabras:

> Mientras pienses que tienes que hacer algo porque es lo que se espera de ti en cualquier relación, y el hacerlo te provoca resentimientos contra esa persona y el no hacerlo te carga de culpa, puedes estar seguro de que tienes que ocuparte de esta zona errónea[7].

Entre las claves que incluye este libro están:

- Todo ser humano es individual e independiente. No necesita a los demás, pero sí puede gozar de su compañía.

7. Wayne Dyer, *Tus zonas erróneas*, Grijalbo, Barcelona, 2001.

- Es imposible ser uno mismo mientras se vive condicionado por las expectativas que los demás tienen de nosotros.
- En toda relación en la que dos personas pretendan fundirse en una, al final acaban siendo dos mitades.
- Los demás nos tratan de la manera que les hemos enseñado a tratarnos.
- Aquello que tengamos que hacer, hay que hacerlo ahora. No debemos inmovilizarnos en el pasado ni angustiarnos por el futuro.

Cinco errores comunes que nos llevan a la infelicidad

A lo largo de mi experiencia en la consulta, me he dado cuenta de que el primer error y más común es el hecho de *magnificar los eventos negativos que nos han ocurrido*. Por lo tanto, debemos aprender a darle a las cosas que nos pasan el valor que realmente tienen. Hay que distinguir un evento negativo de un drama. A este primer error lo llamaría aprender a tener una justeza de juicio.

En segundo lugar, *la incapacidad para perdonar nuestros propios errores*. La vida es una cadena de aprendizajes, nos enseña lo que no transmiten los libros, y las equivocaciones forman parte del curso que hemos venido a pasar.

En tercer lugar, *no ser capaz de cerrar las heridas del pasado*. Los psiquiatras siempre decimos lo importante que es superar el pasado. Este debe ser el arsenal que nos ayude a aprender de cara al futuro, pero no un freno. La vida de cada ser humano es una cadena de superación de dificultades. A todos nos han ocurrido cosas negativas.

En cuarto lugar, *no tener ilusiones*, ya que son lo que nos mantiene vivos. El término «ilusión» procede de *illudere*, que significa «jugar». Ilusionarse es, pues, la habilidad de obrar magia con la vida. Magia mental. Eso es lo que el ser humano necesita, y de hecho el amor es magia.

En quinto lugar, *perder de vista la perspectiva*. La inmediatez de un evento negativo no debe borrar la posibilidad de proyectarnos hacia delante. Entre los hechos que nos hacen sufrir más están los enfrentamientos personales, en los que ha habido palabras fuertes y descalificaciones. La persona que está más cerca de ti es la que puede herirte más, pues es la que te conoce mejor. De ahí que haya grandes amores que se han convertido en grandes odios.

Las cuatro claves del desapego

Dice Kafka que «el corazón del hombre es una casa con dos estancias: una es la alegría y la otra la tristeza». Todo el mundo ha pasado por experiencias negativas. Para no ser arrastrado por ellas, hay que ponerse metas a corto y a medio plazo y también a largo plazo. Estas últimas son las que impulsan al ser humano hacia delante.

La felicidad consiste en tener un futuro abierto. Si no tienes eso, estás atrapado. Por eso no es ninguna tontería que, al iniciar el año, nos fijemos un objetivo o dos.

Además de inclinar la balanza mental hacia las experiencias positivas, relativizar las negativas y encontrar un *leitmotiv* que gobierne nuestra vida, una condición indispensable para el equilibrio es ser independiente de la gente. Este es un problema cocinado con cuatro ingredientes tóxicos que tienen sus antídotos:

1. **Miedo a lo que dirán.** *Antídoto*: si uno es coherente con lo que dice y hace, logrará minimizar lo que se dice de él y dejará de temer la opinión ajena.
2. **Mostrarse como lo que no se es.** *Antídoto*: naturalidad y sencillez. Esa es la aristocracia de la conducta, ya que ser natural es una de las vías de entrada al castillo de la felicidad.
3. **Buscar la aprobación de los demás.** *Antídoto*: dado que no podemos ser una moneda que guste a todos, debemos aceptar nuestra singularidad. Si uno gustara a todos sería sospechoso, pues si todos piensan igual, es señal de que piensan muy poco.
4. **Dramatizar posibles fallos o conductas.** *Antídoto*: rebajarlos de nivel. Debemos quitarles hierro y aceptar que la vida es así y el error es el material de construcción del acierto.

Un antivirus para nuestro sistema emocional

En la entrada de su obra *El arte de amar* dice Ovidio: *Video meliora proboque sed deteriora sequor* («Veo lo mejor y lo apruebo, pero sigo lo peor»). Sin embargo, el espíritu humano también alberga el potencial de hacer justamente lo contrario.

Es interesante el caso del filósofo y matemático Bertrand Russell, que se consideró durante su infancia y adolescencia una persona infeliz. Estuvo al borde del suicidio en más de una ocasión y lo que le mantuvo con vida y llegó a proporcionarle felicidad fue el estudio de las matemáticas. Eso es lo que Nietzsche llamaba «tener un por qué vivir».

Bertrand Russell afirma en su libro *La conquista de la felicidad* que hay dos tipos de dicha:

1) La primera es de tipo animal y la podemos alcanzar sencillamente gozando de buena salud y no preocupándonos por conseguir alimentos o un lugar donde vivir.
2) La segunda depende de la psicología de cada individuo y puede ser muy distinta: hay quien necesita ser admirado por su arte, otros por su belleza física. Hay personas que necesitan ser amadas por los demás o ser respetados, o poderosos... Por todo ello, no hay ninguna fórmula infalible que sirva para todos.

La cura filosófica

El ser humano actual vive esclavo de la inmediatez. Estamos en la era del *más deprisa todavía*, lo cual no ayuda precisamente a encontrar la serenidad.

Como decían los estoicos, no hay hecho psicológico que no pueda ser superado con un análisis muy racional. La lógica bien aplicada puede con casi todo. Si alguien es capaz de racionalizar una frustración muy potente, con ello ya está en camino de desactivarla.

Para casos que no necesitan un tratamiento urgente con fármacos, Lou Marinoff recomienda una «cura filosófica». Es decir, buscar en la filosofía la respuesta a los problemas que nos preocupan. Dado que los grandes pensadores ya abordaron las cuestiones más importantes ante las que nos enfrentamos, sus píldoras de sabiduría nos ayudan a reflexionar para vivir los desafíos de la existencia humana.

En su libro *Más Platón y menos Prozac*, Marinoff explica así la utilidad de esta terapia, que consiste en beber de la sabiduría de los grandes pensadores para construir nuestra propia sabiduría:

> Comprender nuestra propia filosofía puede ayudarnos a evitar, resolver o abordar muchos problemas. Nuestra filosofía también puede ser el origen de los problemas que padecemos, de modo que debemos evaluar las ideas que sostenemos para modelar un punto de vista que obre a nuestro favor, no en contra. Usted es capaz de cambiar sus creencias para resolver un problema[8].

Diseccionar los problemas, comprenderlos a través de la razón, relativizarlos, hallar nuevas alternativas... Este proceso de artesanía emocional es el mejor antivirus que podemos instalar en el disco duro que rige nuestro devenir diario. El secreto es aplicar los instrumentos de la razón, pero con algunas gotas de afectividad. Este es el mejor remedio en los momentos difíciles.

El zapato de Kruschev

El deseo de ser el centro de atención es otra fuente de ansiedad y sufrimiento de la que a menudo no somos conscientes. Cuando creemos que no somos valorados por los demás, nos invade un sentimiento de autodesprecio e inutilidad que nos puede llevar a hacer cosas extravagantes.

---

8. Lou Marinoff, *Más Platón y menos Prozac*, Ediciones B, Barcelona, 2007.

Como ejemplo de este deseo desesperado de llamar la atención, a menudo se cita cuando el primer ministro soviético Nikita Kruschev, en 1960, para ser escuchado durante un discurso en las Naciones Unidas, se sacó un zapato y golpeó la mesa con él. Posteriormente le preguntaron sobre aquella reacción, y Kruschev se limitó a decir que solo quería que le prestaran atención.

En el fondo de muchos problemas humanos, en el sustrato de la infelicidad[9], está el deseo acuciante de ser querido, escuchado y respetado. Sin embargo, de nada nos servirá buscar fuera ese reconocimiento si no sabemos amarnos a nosotros mismos, si no escuchamos nuestras necesidades más profundas y no respetamos nuestro cuerpo y nuestra mente con unos hábitos saludables.

---

9. La felicidad es un estado de ánimo positivo, polinomio, de muchos factores. Se trata de un sumatorio de cosas, pero siempre depende de dos hechos: el *proyecto personal* y la *interpretación de la realidad* que uno hace.

EJERCICIO PRÁCTICO: REMEDIOS CONTRA LA DEPRESIÓN

La personalidad depresiva contempla, debido a su filtro de negatividad, el peor ángulo de la realidad. Antes de empezar a tomar medidas prácticas contra la depresión, que dependiendo de los casos —y de si es endógena o exógena— puede durar de tres a cinco meses, hay que explicar al paciente que padece un desorden del estado de ánimo. Todo el sufrimiento está en su mente, que se ha acostumbrado a unos esquemas que funcionan de una determinada manera.

Además de seguir el tratamiento del especialista, hay una serie de medidas prácticas que la persona puede introducir en su vida para ir levantando el estado de ánimo:

- Fijarse pequeñas metas asumibles en la vida diaria.
- Escribir a menudo sobre lo que uno siente.
- Ver las partes buenas de uno mismo; por ejemplo, la estatura, el aspecto corporal, el nivel de inteligencia, etcétera.
- Ampliar amistades.
- Diseccionar las cosas malas que nos suceden en fragmentos comprensibles que nos permitan someterlas a juicio y desdramatizarlas.

EL PEQUEÑO TEST DE LA INFELICIDAD

1. **Nuestra principal fuente de infelicidad es…**
   (a) El egoísmo de los demás.
   (b) Los problemas a los que debemos enfrentarnos en el camino de la vida.
   (c) Nosotros mismos.

2. **Ante una crisis o conflicto, nuestra reacción debe ser…**
   (a) Esperar a que pase el chaparrón.
   (b) Luchar para reconducir las cosas a su situación ideal.
   (c) Aprovechar la oportunidad para cambiar y fijarnos nuevas metas.

3. **Para mitigar los pensamientos negativos, la solución es…**
   (a) Esperar a que nuestras circunstancias sean más favorables.
   (b) Contraponer ideas positivas.
   (c) Ocupar la mente con actividades nutritivas que interrumpan el circuito negativo.

4. **Las opiniones ajenas sobre nosotros…**
   (a) Son muy importantes, ya que vivimos en sociedad.
   (b) Hay que ponerlas en cuarentena, porque a veces los demás tienen una idea equivocada de lo que somos.
   (c) No deberían importarnos ni condicionarnos.

5. **Para vencer el desánimo, la solución es…**
   (a) Hablar de nuestros problemas a todo el mundo.
   (b) Rodearnos de un entorno positivo que nos haga olvidar nuestra tristeza.
   (c) Encontrar un motivo por el que vivir, una misión.

PUNTUACIÓN

Cada (**c**) suma 2 puntos y cada (**b**) 1 punto, mientras que la (**a**) no puntúa.

7 O MÁS PUNTOS

La tónica positiva domina tu vida, lo cual no debe significar que cierres los ojos a los problemas y conflictos que se desatan a tu alrededor.

DE 4 A 6 PUNTOS

Presentas un equilibrio entre el optimismo y el pesimismo. Está en tu mano decantar la balanza hacia uno u otro lado.

MENOS DE 4 PUNTOS

Eres un maestro de la infelicidad. Si quieres romper con el círculo vicioso de la negatividad, debes replantearte muchos hábitos y limpiar tu mirada sobre el mundo.

DECÁLOGO DE LA INFELICIDAD

I. **La infelicidad está en la mente.** Debemos analizar qué provoca nuestros sentimientos y hacer balance de nuestra vida para ver qué es lo que nos hace infelices y dónde puede estar la solución.

II. **La tranquilidad del alma es la *ataraxia*.** Los estoicos nos enseñan que en la razón encontramos la clave de la felicidad, aprendiendo a disfrutar de lo que tenemos y a no hacernos falsas expectativas.

III. **Aprende a disfrutar del tiempo presente.** No te proyectes al pasado y al futuro, ya que la felicidad reside siempre en este momento y lugar.

IV. **Recoge las lecciones de la adversidad.** A diferencia de los éxitos, que a menudo envanecen, cada fracaso nos enseña algo que necesitábamos aprender.

V. **Controla tus pensamientos negativos.** Nuestra mente es capaz de crear conflictos donde no los hay. La comparación, el deseo excesivo, las quejas constantes, no saber perdonar... son seguros de infelicidad.

VI. **Evita la inactividad y la soledad.** Cuando estamos preocupados y sin hacer nada, nuestra mente se concentra en lo negativo. Mantente ocupado en proyectos que te llenen y cultiva tus relaciones con amigos y familiares.

VII. **Modifica tus pensamientos, sana tus emociones.** Depender de las opiniones ajenas, el sentimiento de culpa, dejar las cosas para más adelante... son hábitos negativos que pueden corregirse y mejorar nuestra vida emocional.

VIII. **Da a cada cosa su justo valor.** No debemos magnificar las experiencias negativas. Una perspectiva adecuada y un poco de humor nos permitirá sanar ese dolor para seguir nuestra vida.

IX. **Ten un futuro abierto con proyectos que realizar.** Planificar metas a corto, medio y largo plazo es la mejor manera de realizarse y hallar un sentido a la propia existencia.

X. **Disecciona tu pensamiento de forma analítica.** Realiza un autoanálisis que ponga de manifiesto tus «zonas erróneas» y te ayude a encontrar alternativas y hábitos saludables.

capítulo cinco

Agosto. La dicha se administra en pequeñas dosis

Disfruta de las pequeñas cosas, porque tal vez un día vuelvas la vista atrás y te des cuenta de que eran las cosas grandes.
ROBERT BRAULT

En el capítulo anterior hemos examinado las causas de la infelicidad con las que boicoteamos nuestro día a día. Aunque pueda parecer un contrasentido, sentirnos en la obligación de ser felices permanentemente es otra fuente indudable de desdicha, ya que tanto las alegrías como las tristezas son temporales y cíclicas.

No podemos anclarnos a estos estados, tampoco a la felicidad, aunque es un tema tan omnipresente que incluso se publican en la prensa índices de felicidad por países. Existen numerosos estudios sobre la cuestión —todos ellos muy subjetivos— y siempre suele ser un país poco conocido el que ostenta el primer puesto en el ranking, como por ejemplo el budista Bután o Vanuatu, una isla Estado del Pacífico Sur en cuya lengua no existe la palabra *estrés*.

Para calcular la felicidad se tiene en cuenta la media de la longevidad de la población, la salud ecológica del país, el ritmo de vida, etcétera. Es un cálculo más cualitativo que cuantitativo.

Antes de ahondar en lo que nos produce felicidad, vamos a dar un repaso a su búsqueda desde los inicios de la era moderna hasta la actualidad.

La felicidad que no se deja atrapar

El siglo XVIII fue un siglo ilustrado que culminó con una revolución esencial en lo que a tres grandes temas respecta: libertad, igualdad y fraternidad. Estas tres condiciones debían procurar la felicidad a la población. Se institucionaliza la razón: *la lógica y el pensamiento racional* se convierten en herramientas para salir de la ceguera y alcanzar la luz interior y el bienestar.

Como reacción, en el siglo XIX se produce un giro copernicano y aparece la *exaltación de las pasiones*, el Romanticismo: se da rienda suelta a los sentimientos.

En España tenemos la novela como gran maestra del mundo sentimental, con autores como Pérez Galdós o Leopoldo Alas Clarín.

Al llegar al siglo XX empieza a producirse un cambio en la sociedad con la entrada de la *psicología en el mundo académico*. Aparecen las primeras facultades de psicología en Europa, donde en un principio se estudiaba solamente la conducta. En este mismo siglo, a partir de la década de los ochenta se popularizan de forma masiva los *libros de autoayuda*.

Tenemos, pues, una sociedad que ha cambiado en veinte años más que en un siglo y que está perdida. La gente necesita soluciones rápidas, respuestas contundentes para los grandes asuntos. Y sin embargo, la felicidad se muestra huidiza y no se deja atrapar.

Los amores volátiles

A final del siglo XX aparece un ciclón en el campo de las relaciones humanas: se desata *la primera epidemia mundial* —hablamos de Occidente, sobre todo— a partir de la década de los sesenta y setenta que no es la gripe, ni la droga ni la depresión, sino las rupturas conyugales[1].

Desde el último tercio del siglo pasado hasta la actualidad, la relación amorosa se convierte en un deporte de alto riesgo. Aparece el síndrome del pánico al compromiso, el *síndrome de Peter Pan* y la idea de que el amor tiene fecha de caducidad.

El amor, como decían los poetas del Romanticismo o los poetas españoles de la generación del 27, se vuelve imposible, se convierte en una relación afectiva transitoria que está llamada a desaparecer.

El problema de la culpa

La utilización de la razón para no rendirse y superar las adversidades precisa de la afectividad. A su vez, la afectividad necesita del perdón que uno se da a sí mismo y a los demás.

---

1. En otras obras he hablado de los *amores mercuriales*. Así como al romperse la barrita de mercurio que mide la temperatura vemos cómo esas bolitas chocan unas con otras y se producen encuentros casuales, igual pasa hoy con las parejas rotas. Se cruzan relaciones más o menos afectivas que van y vienen.

Hay dos tipos de culpa: la psicológica y la judeocristiana. La primera es un sentimiento negativo al interpretar que ha habido algo en tu vida que no has hecho bien y que has perjudicado seriamente a alguien. Esa culpa muchas veces no se corresponde con los hechos. Hay una distorsión, pues la percepción de la realidad está hecha de muchas cosas.

En cambio, el sentimiento de culpa moral sí que tiene sentido, pues se basa en unos valores y en un código ético que necesita el ser humano para no sentir que navega a la deriva.

Los psiquiatras vemos muy a menudo gente que se siente culpable sin ser responsable de la causa. En el proceso curativo, intentamos inculcar al paciente que se otorgue el perdón para poder iniciar una vida con sentido y libertad.

El muro de la depresión

A la consulta de todo psiquiatra llegan muchas personas lastradas por la depresión, pacientes que se han rendido temporalmente en su lucha por la felicidad. Es responsabilidad del terapeuta abrir brecha en ese muro que la persona ha construido a su alrededor y que le separa del mundo y de una esperanza de futuro.

Lo primero que hace el especialista es explicar al paciente que la depresión es una enfermedad del estado de ánimo, un padecimiento muy común, y que hay dos tipos de depresiones:

a) La **depresión endógena,** que es aquella que viene de dentro y que tiene como origen un desorden químico cerebral.

Hay carencia de una serie de sustancias que, al disminuir, dan lugar a un hundimiento del estado de ánimo. Utilizando un símil, es como si desenchufáramos la corriente eléctrica de una persona. Tiene un fondo hereditario, endógeno y estacional; se da más en primavera y en otoño.

b) La **depresión exógena** es la producida por los acontecimientos de la vida. Es fácil de entender y difícil de abordar. Tiene su causa en traumas con dos naturalezas:

I. **Macrotraumas:** se trata de *impactos emocionales de gran intensidad*, golpes en la vida de una persona que la marcan mucho tiempo. Como ejemplo tenemos las violaciones, maltratos continuados, una ruina económica...
II. **Microtraumas:** son *acontecimientos menores que se van sumando*, uno tras de otro, hasta formar un inventario de causas y motivos que hacen aflorar una depresión exterior. Este tipo de cuadros tienen un pronóstico incierto. Pongamos por caso un señor que tiene una relación conyugal deteriorada, problemas económicos, un hijo drogadicto, otro con fracaso escolar... Todos esos factores dan lugar a una modalidad depresiva que no es fácil de abordar de forma inmediata.

Paradójicamente, las depresiones endógenas son las que tienen un mejor pronóstico, pues se arreglan con fármacos que frenan la recaída. El sodio, el litio, el rubidio, el cesio y el vanadio son algunos de los elementos presentes en los psicotrópicos actuales, que no engordan, presentan menos efectos secundarios y tienen un valor ansiolítico. No solamente quitan o rebajan el nivel de descenso anímico, sino que también disuelven la ansiedad.

La excursión interior

En las depresiones exógenas hay que hacer una excursión interior con el paciente para restablecer las áreas dañadas y confrontar a la persona con la realidad, pues ahí está la fuerza del cambio.

Por ejemplo, si a una mujer se le ha muerto un hijo, tiene que aprender a asumirlo. Estas depresiones no se corrigen con la medicación, que solo atenuaría la ansiedad natural que se desprende.

La duración del duelo es siempre variable según la persona. Existe una clasificación hecha por dos psicólogos americanos, Holmes y Rice, que cuantifican mediante puntos el grado de gravedad según el tipo de trauma que uno pueda tener. En primer lugar está la pérdida de un ser querido próximo. Después está la ruina económica, luego el fracaso afectivo, etc.

Hay que explicar al paciente que llegarán momentos buenos dentro del curso depresivo y que son indicativos de que se ha empezado a mejorar. Cuando el paciente está metido en un túnel y no ve la salida, el terapeuta debe asegurarle que puede salir adelante. *El éxito oculta lo que el fracaso enseña.* Lo que te hace progresar como persona es el fracaso asumido de forma correcta. Por eso, una depresión puede ser la antesala de un avance personal muy importante.

Dos casos históricos de felicidad pese a la adversidad: Tomás Moro y Nguyen van Thuan

Tomás Moro murió en 1535 en la cárcel de Londres, donde le cortaron la cabeza con un hacha. Abogado de profesión, fue la mano derecha de Enrique VIII. El rey se separó de su mujer y se casó con la de su hermano Arturo, Catalina de Aragón, cuando este murió.

Probablemente Enrique VIII era un manual de psiquiatría en sí mismo. Tenía una patología que era su adicción al sexo, y aprovechándose de su situación, hacía lo que quería con las mujeres. Llegó incluso a matar a su segunda mujer por encargo. Su hambre de amantes era insaciable.

Cuando el rey quiso anular su matrimonio, se produjo un gran revuelo y el obispo de Rochester y Tomás Moro fueron a la cárcel por oponerse a la separación. Ambos fueron juzgados por alta traición.

En la cárcel, Tomás Moro escribió unos textos extraordinarios que muestran a un hombre entero, sólido, pues estuvo siempre convencido de lo que había hecho. Pese a estar encarcelado, fue un hombre feliz, que en sus últimas horas afirmó: «Muero amigo del Rey y fiel a mi Dios». Se cuenta que cuando subió al cadalso para que le cortaran la cabeza, le dijo al verdugo: «Haz tu oficio, que para eso te pagan».

Esta historia demuestra que *la felicidad no depende de la realidad, sino de la interpretación que hacemos de esta.*

Dos milenios atrás, Buda planteó esta misma idea con un aforismo que no ha perdido su vigencia: *el dolor es inevitable, pero el sufrimiento es opcional.*

Un caso paralelo al de Tomás Moro lo encontramos en el siglo XX, cuando Nguyen van Thuan, sacerdote vietnamita católico, pasó nueve años solo en la cárcel de Saigón condenado por el gobierno comunista. Durante este tiempo se dedicó a escribir el Evangelio en pequeños papeles.

Este religioso sorprendía constantemente a los carceleros, que le preguntaban a menudo cómo lograba ser un hombre feliz ahí dentro. Él contestaba que *a pesar de estar encerrado era libre de mente*. En su libro *El camino de la esperanza* cuenta, de su experiencia en la cárcel, que para él *la felicidad era hacer lo que creía que tenía que hacer*, pues eso tenía un sentido trascendente. Solo así olvidaba su celda cochambrosa y el ambiente opresivo que le rodeaba.

El optimista empedernido

Hasta cierto punto es un misterio cómo algunas personas parecen ser inmunes al desánimo, por muchos contratiempos que experimenten, mientras que otras se ahogan en un vaso de agua.

El optimista se enfrenta con actitud esperanzada al mismo futuro que el pesimista, quien solo vislumbra amenazas e inconvenientes ante cualquier ocasión. Fruto de esta óptica diferente con la que ve la realidad, el primero es perseverante e insistirá para conseguir el objetivo que se haya propuesto, ya que cree realmente en que va a conseguirlo. Un optimista jamás se rinde y sigue perseverando.

El *pesimista*, en cambio, se desanimará ante el primer obstáculo y se dará por vencido, o bien culpará a terceros de su fracaso. La seguridad que embarga al *optimista* hace también que confíe más en los demás y se deje ayudar por ellos, lo cual hace que aumenten las posibilidades de éxito. El negativo es desconfiado y ese prejuicio le cierra muchas puertas.

¿Se nace optimista? ¿Puede un pesimista dejar de serlo? La clave está en la mentalidad de cambio.

Los médicos saben que los enfermos optimistas tienen más posibilidades de sobrevivir a un cáncer, por ejemplo, que un paciente que se ve desahuciado. Y no solo por el «efecto placebo» que ha protagonizado tantos test e investigaciones, sino porque el optimista lucha por mejorarse aunque el tratamiento necesario sea de extrema dureza, mientras que el pesimista es más proclive a tirar la toalla.

Un ejemplo de optimismo a pesar de todo

El esquiador andorrano Albert Llovera sufrió un accidente de esquí a los dieciocho años y se fracturó de manera irreversible la espina dorsal. Desde entonces se desplaza en silla de ruedas, pero no se conformó con llevar una vida de inmovilidad y lamentaciones.

Su contagioso optimismo y su ilusión por conseguir objetivos hicieron de él nuevamente un campeón. En la actualidad es un piloto de *rallies* que compite contra corredores que no sufren ningún tipo de discapacidad y que a menudo son derrotados por Llovera.

Recientemente ha publicado su biografía, titulada *No Limits*, en la que nos explica sus experiencias y el camino que ha tenido que recorrer para llegar a su estado actual de felicidad gracias a su optimismo.

La psicología moderna ha estudiado estos casos de resiliencia, como se conoce técnicamente la resistencia a la adversidad, que consiste en tener *tolerancia a las frustraciones y aprender a soportar* situaciones adversas, esperadas o inesperadas.

La *resiliencia* parte de la base de que la infancia no determina qué clase de persona seremos en la edad adulta. Será nuestra capacidad para resolver conflictos, enfrentarnos a ellos y a las relaciones afectivas que nos rodean lo que finalmente nos convierta en quienes somos.

El neurólogo y psiquiatra Boris Cyrulnik es el autor que mejor ha desarrollado este concepto, no solo a través de sus estudios y de sus libros, sino también a través de su propia experiencia vital.

Nacido en Burdeos en 1937, sufrió la pérdida de su familia en un campo de concentración nazi del que logró escapar con apenas 6 años de edad. Tras esa traumática experiencia, pasó su infancia moviéndose de un centro de acogida a otro, hasta llegar a una granja de beneficencia. Gracias a la influencia de unos compasivos vecinos, que le ofrecieron su cariño y le enseñaron la alegría de vivir y la pasión por la literatura, Cyrulnik fue capaz de superar sus heridas y estudiar algo que diera significado a todo lo que había vivido: neurología, psiquiatría y psicología.

Hoy en día es uno de los principales teóricos y divulgadores de la resiliencia, una teoría revolucionaria en la psicología contemporánea porque rompe con el mito de que un niño maltratado cuando crece ha de ser un maltratador, sino que contempla la esperanzadora posibilidad de que, como el Patito Feo del cuento clásico, pueda acabar convirtiéndose en un cisne.

La resiliencia nos habla de la capacidad de sacar fuerzas, e incluso extraer beneficio, de una experiencia traumática. Cómo alguien que ha sufrido una infancia dura, en situaciones extremas o de abuso, puede crecer como persona y ser un adulto sano y capaz; porque uno puede sacar lo mejor de sí mismo en los peores contextos.

¿Tiene edad la resiliencia?

El término *resiliencia* proviene de la física y designa la capacidad de algunos materiales para recobrar su forma original. Sin embargo, la resiliencia en psicología no es elasticidad, porque el sujeto nunca vuelve a ser el mismo. La resiliencia es el equilibrio entre la personalidad del individuo y los factores de riesgo.

Esta teoría ofrece toda una nueva tabla de posibilidades a la psicología, pues ningún daño es irreversible. Cyrulnik explica que no existe límite de edad, pues ha trabajado con ancianos enfermos de alzhéimer que nunca olvidan los gestos de afecto.

Los niños resilientes son capaces de desarrollar un positivismo mental, una autoconfianza, una empatía hacia los que sufren, una capacidad para ayudar, que les convierte en unos adultos responsables y capaces de aquello que se propongan. Muchos acaban estudiando psicología, educación o trabajando como asistentes sociales, para llegar hasta aquellos que les necesitan. Cyrulnik afirma: «La resiliencia es el arte de metamorfosear el dolor para dotarlo de sentido; es la capacidad de ser feliz incluso cuando tienes heridas en el alma».

La personalidad resiliente posee dos características fundamentales:

- Capacidad de protegerse frente al estrés.
- Flexibilidad para proseguir su desarrollo a pesar de todo.

En un principio, durante los estudios de las personalidades resilientes, se llegó a pensar que podía deberse a cuestiones genéticas, pero después se vio que siempre existía una persona, ya fuera familiar o no, que aceptaba al individuo herido incondicionalmente.

Así, la resiliencia no solo depende de la personalidad, sino también de los estímulos afectivos exteriores. Es necesario el cariño y la comprensión de los demás para poder sentirnos reconocidos y valorados, para poder autorrealizarnos tras sufrir condiciones adversas.

Los diez pilares de la resiliencia

Cyrulnik habla del concepto *oxímoron* como la clave de la evolución del sujeto herido. Una persona que ha sufrido una gran herida se divide en dos para adaptarse. La parte que está herida sufre necrosis, mientras que la que está protegida sigue sana, aunque en cierto modo escondida, y reúne, utilizando la energía que le proporciona la desgracia, todo aquello que le puede dar felicidad y sentido a la vida. Gracias a esta escisión, que nunca llega a unirse y mantiene al individuo mediante unos pilares de resiliencia, y el apoyo de otros individuos, la vida sigue adelante con normalidad.

Existen unos factores que nos resultan de gran ayuda, incluso protectores, ante los conflictos y problemas que podemos encontrarnos en la vida, desde niños a adultos: estos son los pilares de resiliencia. Los pilares son:

- La autoestima, pilar fundamental y base del resto.
- Cuidado de un adulto significativo.

- Introspección, o el arte de preguntarse a uno mismo y ser capaz de darse una respuesta honesta.
- Independencia, ser capaz de trazar los límites entre uno mismo y los problemas; mantener distancia emocional y física sin aislarse.
- Capacidad para relacionarse, establecer lazos e intimidad.
- Iniciativa, disfrutar al ponerse a prueba con tareas cada vez más exigentes.
- Ser capaz de ver la propia tragedia con humor, sin convertir el recurso en una coraza.
- Creatividad desarrollada desde la infancia, poder crear a partir del caos y el desorden.
- Moralidad como la base del buen trato al otro, capacidad de comprometerse con unos valores.
- Pensamiento crítico, una combinación de todos los demás que permite analizar las causas y responsabilidades de todo aquello que vivimos, para así poder enfrentarnos a las adversidades y superarlas.

Pero existen las dos caras de esta misma moneda: por haber sido un niño con una infancia traumática no tienes por qué ser un adulto desgraciado, pero, del mismo modo, una infancia feliz no garantiza una vida adulta de triunfos y felicidad.

Lo más importante, desde niños y durante toda nuestra vida, es rodearnos de una *buena constelación afectiva*. Eso significa tener diferentes personas y estilos de afecto a nuestra disposición, y a su vez no depender emocionalmente de nadie[2].

---

2. Ser independiente de los demás, pero sin despreciarlos ni ignorarlos. Se trata de buscar una ecuación emocional entre cercanía y cierta distancia. Otro arte para el que quiera una cierta excelencia.

Es necesario contar con diferentes modelos y estilos de afecto para crecer, pues de este modo no identificamos los sentimientos y reacciones ligadas al amor con una sola forma de comportamiento; además, abrimos nuestra mente y desarrollamos nuestra personalidad.

Lo importante del resiliente es su habilidad de *atribuir un significado a su herida sin importar la magnitud* que esta tenga. Es necesario transformar el dolor, porque el dolor, como la energía, no desaparece, sino que cambia en una forma nueva, y eso es lo que hace el resiliente: utilizarla. Si no se encuentra significado a este dolor, es cuando se repiten pautas de conducta. Con una persona a tu lado que te ofrezca apoyo y comprensión, es posible encontrarle una salida y un objetivo claro. El amor puede sanar, pues la clave siempre está en los afectos, el contacto humano y la solidaridad.

Cinco medidas para desarrollar la resiliencia

Justamente porque este libro se titula *No te rindas*, cerraremos este viaje por la resiliencia con cinco medidas que facilitan la superación de una adversidad de gran calado:

- **Buscar nuevos objetivos.** Tras el choque emocional, el resiliente debe trazar nuevas metas adaptadas a su situación. Para ello hay que partir de cero, asumir que es alguien completamente distinto a quien era antes. En lugar de lamerse la herida, tiene que instaurar una nueva visión de la vida con otras prioridades.
- **Confiar en un círculo protector.** La mejor manera de escapar de una espiral negativa es rodearse de personas afectuosas y solidarias que puedan comprender nuestra situación, tal

vez porque han pasado por ella. Según los expertos en resiliencia, el contacto humano y la comprensión bastan para salir a flote de cualquier adversidad.

- **Renunciar a las gratificaciones inmediatas.** Las personas que han pasado por un intenso sufrimiento se sienten tentadas a descargarse temporalmente de este peso a través de huidas como el alcohol, las drogas, el juego, la violencia o las relaciones de usar y tirar. Son trampas que hay que evitar para construir una nueva vida.
- **Volcarse en el sufrimiento de los demás.** Una manera muy eficaz de olvidar la propia desgracia es preocuparse por los problemas de los demás. Cuando preferimos ser útiles a caer en la autocompasión, nuestra autoestima se ve reforzada.
- **Sacar partido de las oportunidades.** El resiliente tiene la capacidad de dejar atrás la herida y dar un paso hacia delante. Por un proceso de alquimia psicológica, el dolor se transforma en energía y creatividad para entregarse a una misión con sentido.

Fábula: la camisa del hombre feliz

Concluiremos este capítulo con un cuento tradicional ruso recogido por León Tolstói sobre el secreto último de la felicidad.

> Un zar que estaba siempre sumido en la tristeza dijo:
>
> —¡Daré la mitad de mi reino a quien me cure!
>
> Entonces todos los sabios se reunieron y celebraron una junta para sanar al zar, pero no encontraron ningún remedio. Uno de ellos, sin embargo, declaró que sí era posible curar al zar.

—Si sobre la tierra se encuentra un hombre feliz —dijo—, quitadle la camisa y que se la ponga el zar. Con eso estará curado.

El zar hizo buscar en su reino a un hombre feliz. Los enviados del soberano exploraron todo el país, pero no pudieron descubrir a un hombre feliz. No encontraron a nadie contento con su suerte. Uno era rico, pero estaba enfermo; otro gozaba de salud, pero era pobre; el que era rico y sano se quejaba de su mujer; otro de sus hijos. Todos deseaban algo.

Una noche, el hijo del zar, al pasar por una pobre choza, oyó que alguien exclamaba:

—¡Gracias a Dios he trabajado y he comido bien! ¿Qué me falta?

El hijo del zar se sintió lleno de alegría. Inmediatamente mandó que le llevaran la camisa de aquel hombre, a quien a cambio se le entregaría cuanto dinero exigiera.

Los enviados se presentaron a toda prisa en la casa de aquel hombre para quitarle la camisa. Pero el hombre feliz era tan pobre que no tenía camisa.

EJERCICIO PRÁCTICO: INICIOS DE FRASE PROHIBIDOS

Este ejercicio tomado de la PNL (Programación Neurolinguística) se basa en desactivar de nuestro *disco duro* mental las estructuras negativas o no productivas y sustituirlas por afirmaciones que nos permitan vivir de forma positiva y optimista. Si dejamos de expresarnos con términos derrotistas o condicionales, nuestra propia mente adoptará un enfoque proactivo cuando acometamos cualquier proyecto.

Puesto que en muchos de nuestros procesos mentales interviene el lenguaje, al suprimir de nuestro vocabulario las siguientes expresiones empezaremos a funcionar en positivo.

Podemos tomar este ejercicio como un juego que determina nuestra mirada sobre el mundo. Queda prohibido iniciar frases con

si yo hubiera...
En lugar de eso diremos: VOY A...

no puedo...
En lugar de eso diremos: ENCONTRARÉ LA MANERA DE...

me encantaría...
En lugar de eso diremos: ME GUSTA...

EL PEQUEÑO TEST DE LA FELICIDAD

1. **La felicidad es...**
   (a) Estar lo bastante satisfecho con nuestra vida para no tener que buscarla.
   (b) Huir del dolor y de las adversidades todo lo posible.
   (c) Cumplir los deseos que nos marcamos en el camino de la vida.

2. **Una infancia desgraciada determina nuestro presente...**
   (a) Como oportunidad para crear por nosotros mismos nuestra felicidad y la de los demás.
   (b) Solo en parte, ya que un 50 por ciento es nuestra herencia vital y el otro 50 por ciento nuestras decisiones.
   (c) De forma siempre negativa, porque somos el fruto de nuestras experiencias.

3. **El camino más recto a la felicidad es...**
   (a) Eliminar las actitudes erróneas que nos impiden vivir en paz.
   (b) Conformarnos con lo que tenemos.
   (c) Fijarnos grandes objetivos e intentar cumplirlos.

4. **Nuestro estado de ánimo depende totalmente de...**
   (a) El cristal con el que miramos el mundo.
   (b) Nuestro círculo inmediato de personas.
   (c) Las circunstancias que nos acompañan en cada momento.

5. **Tener más cosas implica...**
   (a) Más obligaciones y cargas.
   (b) Nada que tenga que ver con la felicidad.
   (c) Estar realizado, porque el éxito nos procura satisfacción personal.

PUNTUACIÓN

Cada (**a**) suma 2 puntos y cada (**b**) 1 punto, mientras que la (**c**) no puntúa.

7 O MÁS PUNTOS
Eres un optimista pragmático que siempre tiende a ver el lado soleado de la realidad. Tal vez por esto mismo a veces te cuesta entender los problemas de las personas de tu entorno.

DE 4 A 6 PUNTOS
Aunque tienes una visión clara de lo que te hace infeliz, podrías subir un peldaño más si no fueras tan conformista.

MENOS DE 4 PUNTOS
Tienes una idea equivocada de los caminos que llevan a la felicidad. Deberías someter tu vida a examen, detectar las fuentes de sufrimiento y hacerte un replanteamiento vital.

DECÁLOGO DE LA FELICIDAD

I. **No te obsesiones con ser feliz.** La tristeza y la felicidad son estados cíclicos naturales, ya que dependen de los acontecimientos, y no debemos tratar de retenerlos. *Ten un proyecto de vida coherente y realista y estarás en la rampa de salida hacia la felicidad.*

II. **Concédete el perdón.** Cuando creas que has hecho algo mal y has dañado a alguien, aplícate la importancia de perdonarte a ti mismo, además de perdonar a los demás, y aplica los cambios necesarios para que no vuelva a suceder.

III. **Desactiva la depresión.** Existen dos clases: la *endógena*, producida por un desorden químico, y la *exógena*, producida por un trauma. En el primer caso puede solucionarse con pastillas; en el segundo, es necesario afrontar el problema con terapia psicológica.

IV. **Aprende del fracaso y de las crisis.** Cuando hemos conseguido avanzar, no recordamos el camino ni los momentos de crisis, pero son precisamente esos momentos los que nos ayudan a encontrarnos donde estamos, así como a conocer nuestros puntos fuertes y débiles. *El fracaso enseña lo que el éxito oculta.*

V. **La felicidad depende de los ojos con que miremos el mundo.** No importa tanto lo que ocurra como nuestra interpretación de lo que sucede. Una actitud positiva y relativizadora impedirá que nos ahoguemos en un vaso de agua. *La felicidad no depende de la realidad, sino de la interpretación que uno hace de la realidad.*

VI. **Apuesta por el optimismo.** Un optimista tiene más probabilidades de éxito que un pesimista no porque se cree a sí mismo menos problemas, sino porque ve soluciones donde el otro solo encuentra obstáculos.

VII. **Levántate después de caer.** *La resiliencia es la capacidad de sacar fuerzas e inspiración de nuestras experiencias negativas.* No dejarse condicionar por un pasado traumático nos permite convertirlo en enseñanzas vitales que nos ayuden a ser mejores. Aprende a luchar en lo concreto.

VIII. **Rodéate de un buen círculo afectivo.** Las personas que te quieren y te apoyan, como amigos y familiares, son tu mejor baza a la hora de superar las adversidades y aclarar las ideas de cara al futuro inmediato.

IX. **Traza tus objetivos.** La vida es cambiante, nunca se detiene, y según se mueve también nos transformamos nosotros. Por ese motivo es necesario fluir con los acontecimientos y circunstancias. No andarse por las ramas: establecer pocos objetivos[3], que sean muy concretos, y lanzarse a por ellos.

X. **Aprovecha tus oportunidades.** Cuando tengas un proyecto claro, utiliza toda la energía y creatividad para cumplir lo que te has propuesto con una planificación realista, basada en pequeños objetivos que conducen a los grandes.

3. Suelo recomendar a mis alumnos, al principio del curso académico, hacer una lista de dos *metas* (no más) y cada una con sus *objetivos* bien delimitados. *Las metas son muy generales; los objetivos son medibles.*

capítulo seis

Septiembre. La alegría es un sol que sale todos los días

La felicidad tiene en altura lo que le falta en longitud.
ROBERT FROST

¿Quién no se ha sentido nunca embargado por la alegría, un entusiasmo que te invita a desear lo mejor para todos los que te rodean y a ver fácil lo que antes parecía difícil? Son momentos en los que la vida adquiere todo su brillo y el mundo parece desplegar un abanico de infinitas posibilidades.

Pero ¿de dónde viene este sentimiento? ¿Qué significa? ¿Qué lo diferencia de la felicidad? ¿Es posible generar la alegría de forma inducida?

El término «alegría» proviene de la voz latina *alacritas*, que no es una cualidad humana, sino una característica de los animales superiores que significa «fogoso», «brioso», «penetrante»...

La felicidad nace de las emociones, de lo que deseamos más profundamente. Uno se siente feliz cuando logra sus objetivos en la vida, cuando alcanza sus metas —sean de la índole que sean—, sin importar qué ocurra a su alrededor. En ese sentido, la felicidad es subjetiva e individual.

La alegría brota más allá de las emociones conscientes y de los planes concretos. En cierto modo, es un sentimiento más indefinible. Podemos sentir alegría por la vida, por nuestros semejantes y por el mundo; podemos estar alegres de estar vivos, pese a no tener nada o a encontrarnos en una situación adversa. Es una fuerza vital, una luz que nos muestra el lado soleado de la vida.

Una persona alegre es magnética, creativa, contagiosa y feliz. La alegría nos estimula, cierra nuestras heridas y aleja la negatividad que nos hace enfermar. Donde hay alegría no existen los celos, el resentimiento, el temor... Es la luz del espíritu.

La hormona de la alegría

La medicina constata día a día la importancia de que los pacientes no sientan preocupación por su estado, sino que se vean rodeados de tranquilidad y esperanza. Ver a tu médico y familia dándote ánimos te alegra, y eso resulta estimulante y sanador.

Si cultivamos en nuestro interior esta luz, nuestras relaciones mejorarán de forma notable, porque alguien alegre ve siempre los aspectos positivos de los demás; es un imán que atrae la energía positiva.

Desde una perspectiva bioquímica, nuestro cuerpo segrega unas hormonas llamadas endorfinas que desatan la alegría y suprimen el dolor. Estas se generan en el cerebro y transmiten el bienestar hacia todo el organismo.

Descubiertas por John Hughes en un laboratorio escocés, las endorfinas tienen un papel fundamental en nuestro estado de ánimo. De ellas depende algo tan sencillo y esencial como encontrarnos bien o mal.

Todo lo que nos hace humanos —nuestro clima emocional,

las fobias, nuestros caprichos y elecciones— va estrechamente ligado al equilibrio y el flujo de las endorfinas.

El especialista en endorfinas Jack Lawson explica así cómo actúa esta droga natural:

> Una mañana nos despertamos particularmente felices: el Sol brilla con fuerza en el cielo, los pájaros cantan al otro lado de la ventana, tenemos hambre y corremos a ducharnos antes de almorzar. En el fondo, es un día como cualquier otro, pero nosotros nos encontramos especialmente bien, sorprendentemente bien, como si nos hubieran inyectado una droga que nos hace sentir más vivos, más felices. ¿Qué pasa? Por una razón u otra que se nos escapa y que quizá pertenece a nuestra vida onírica, nuestro organismo ha fabricado más endorfinas de lo normal y la presencia de estas hace que nos sintamos eufóricos y felices[1].

Cómo segregar más endorfinas

Para estimular la producción de endorfinas, basta con potenciar aquello que nos resulta agradable a los sentidos y desentumecer los músculos. Podemos estimular estas hormonas:

- A través del color y el aroma de la comida, disfrutando de cada bocado y preparando nuestros alimentos con productos frescos y de temporada.
- Haciendo ejercicio al aire libre, caminando, corriendo o sacando a pasear al perro.

---

1. Jack Lawson, *Endorfinas: la droga de la felicidad*, Ediciones Obelisco, Barcelona, 2006.

- Practicando la risa, como veremos al final de este capítulo, con los amigos, la familia o la pareja.
- Disfrutando de la música y bailando hasta cansarnos.
- Abrazando, besando y acariciando a nuestros seres queridos.
- Una simple sonrisa transmite la orden al organismo de fabricar endorfinas.

Según Jack Lawson, el mismo Freud hablaba de un sentimiento «oceánico», y los yoguis hindúes se refieren a una conciencia cósmica. En todo caso, se trata de un estado de felicidad serena, en el cual una maravillosa sensación de alegría parece subir por nuestra espalda y nos sumerge en un gozo suave y delicado.

> Vibramos entonces con la vida, sentimos que formamos parte de un todo, que de una manera u otra estamos conectados con este todo. Es más, sentimos que todos somos uno y al mismo tiempo nos amamos a nosotros mismos. Nuestra mente se encuentra inundada por una misteriosa sensación de felicidad y de plenitud: estamos eufóricos[2].

Cómo elegir el tiempo del corazón

¿Podemos sintonizar la alegría en nuestro sistema emocional? ¿Hasta qué punto tenemos el control de nuestras emociones? Esta es una cuestión estrechamente relacionada con la edad.

---

2. Jack Lawson, *op. cit.*

Cuando uno es muy joven, la afectividad produce unas alteraciones extraordinarias en el panorama emocional. El enamoramiento en la edad juvenil, por ejemplo, ilumina el futuro con gran fuerza, hace brillar el presente y disuelve los recuerdos negativos del pasado. En cambio, los amores maduros entran por la puerta de la razón. Tienen menos intensidad pero más estabilidad.

Con frecuencia el ser humano es incapaz de racionalizar sus sentimientos. La ecuación adecuada sería racionalizar la vida afectiva sin que los sentimientos pierdan frescura y fuerza. No es del todo cierto lo que decía Descartes, «la razón lo puede todo», ni tampoco el método de Max Scheler, que en su libro *Esencia y formas de la simpatía* dice que la fenomenología de las emociones es muy rica porque el corazón está en la cabeza y la cabeza está en el corazón.

Las tres inteligencias básicas

Aunque en un posterior capítulo veremos una clasificación más completa, las tres inteligencias básicas son la teórica, la práctica y la social. La teórica es la capacidad del intelectual que vive en el mundo de los conceptos y de los matices. La inteligencia práctica es la capacidad para resolver problemas: la habilidad operativa. Es muy raro encontrar estas dos inteligencias en una misma persona.

Cuentan que al doctor en filosofía Julián Marías había que preguntarle siempre si llevaba encima todo lo que iba a necesitar para viajar, pues era muy despistado; por lo tanto, pese a su gran sabiduría, tenía poca inteligencia práctica.

La inteligencia social, llamada también asertividad, significa habilidad en el contacto con los demás. Un ejemplo ilustrativo: una persona tímida llega a un cóctel y se encuentra con una persona que conoce; si se queda una hora y media con ella, esta persona tiene una inteligencia social muy escasa. Quien tiene el don de las relaciones públicas, en cambio, entra por la puerta y saluda constantemente a diferentes personas y va repartiendo tarjetas. Ha quedado con mucha gente, ha tenido un contacto superficial pero interesante con todos ellos, y quizá la mitad se acordarán de él. Es una persona que tiene una visión inmediata de las cosas.

El arte de la seducción

Así como el inteligente teórico es profundo, el inteligente social es superficial y seductor, pues conoce muy bien el lenguaje verbal. La seducción es el arte de mostrar la mejor parte de uno. Es un arte por esencia ambiguo. Especialmente en sus comienzos es cercanía y distancia, mostrarse interesado e indiferente a la vez. En toda conquista amorosa se da el triunfo de la técnica psicológica, conocer los caminos traviesos y sin leyes que en ella intervienen.

El hombre que seduce a la mujer es aquel que se muestra cercano y va alternando, que parece que lo da casi todo pero no da nada, que promete mucho y da poco. Este juego despierta un gran interés, pues la mujer rechaza al hombre que se entrega en exceso de entrada. Por exigencias del guion, la mujer quiere que el amor sea difícil, pues lo que uno consigue de manera fácil es más difícil de valorar.

Volviendo a las distintas inteligencias, el hombre más completo que ha existido en la historia ha sido Leonardo da Vinci. Era poeta, arquitecto, pintor, ingeniero, músico, botánico, cocinero, sabía de historia... Hoy en día, los saberes son tan especializados que cada vez nos centramos en un área de conocimiento menor. Actualmente sería impensable que existiera un personaje como Leonardo da Vinci, dado el crecimiento exponencial que ha experimentado cualquier disciplina. Se ha perdido el sentido holístico de la sabiduría y se ha ganado en penetración específica. Lo ideal sería una cosa intermedia. Un especialista excesivo pierde visión global.

Por último, no olvidemos que educar es seducir por encantamiento y admiración.

La llave de la inteligencia emocional

Antes hablábamos sobre cómo podemos elegir nuestras emociones, o al menos cómo podemos descartar las emociones negativas, especialmente al tratar con los demás. Pues bien, eso depende de una inteligencia que no es teórica, ni práctica ni social.

Nos referimos a la célebre inteligencia emocional postulada por Daniel Goleman, cuyas claves ya vimos en el primer capítulo, dedicado al amor.

Según este psicólogo de Harvard, para desarrollar la inteligencia emocional el individuo tiene que *conocerse bien a sí mismo, debe enfrentarse a sus emociones, detectar sus debilidades y descubrir sus virtudes*. De esta manera será consciente de sus propias posibilidades y de sus límites.

La persona con inteligencia emocional sabe controlar sus impulsos y sentimientos, piensa con claridad incluso en los momentos de presión. Tiene la capacidad de relacionarse con los demás porque posee empatía, es decir, sabe ponerse en la piel del prójimo o de una comunidad. Reconoce el mérito ajeno y potencia las virtudes de los demás, con lo que despierta confianza en los demás.

Goleman describe así la importancia de la inteligencia emocional:

> La vida emocional es un dominio que, seguramente como las matemáticas o la lectura, puede manejarse con mayor o menor habilidad. Para ello es necesario aprender una serie de capacidades. Estas son cruciales para comprender por qué una persona triunfa mientras que otra, del mismo intelecto, queda atrapada en un callejón sin salida: la capacidad emocional es una metahabilidad que determina cómo lograremos utilizar las otras capacidades, incluso el más puro intelecto[3].

La diana y el arquero

El control de las propias emociones y el conocimiento de uno mismo están muy presentes en la filosofía oriental, partiendo desde el mismo Buda, que afirmaba que «la máxima victoria es la que se gana sobre uno mismo».

Sobre este dominio del propio ser, hay un clásico moderno muy ilustrativo, titulado *Zen en el arte de tiro con arco*, en el que su autor, el alemán Eugen Herrigel, explica cómo entre las dos guerras mundiales se trasladó a Japón para aprender durante seis años a tirar en arco.

Se puso en manos del mítico Maestro Awa, del que se decía que de cien veces que apuntaba a la diana acertaba las cien. Tras mucho

---

3. Daniel Goleman, *Inteligencia emocional*, Kairós, Barcelona, 2010.

insistir, Herrigel logró que el arquero le diera lecciones en lo que, con la práctica, demostró ser el arte de enfrentarse a sí mismo.

A lo largo de estos seis años, aprendió las siguientes claves para el dominio de sus emociones:

- Hay que armonizar lo consciente con lo inconsciente para dejar de ser enemigo de uno mismo.
- Para la excelencia, debes fundirte con aquello que haces, fluir con tu actividad, de modo que desaparezca la barrera entre el arco y el arquero.
- Es importante ser flexible, inclinarse a favor del viento, adaptarse a los cambios que se producen alrededor para dar siempre en la diana.
- La mejor manera de mirar a un objetivo es desprenderse de uno mismo. Hay que desconectar y abstraerse, sin interferencias. El maestro ya no busca, encuentra.
- En esencia, el arquero se apunta a sí mismo.

Los fabricantes de ansiedad

La American Psychiatric Association ha calificado un determinado bloque de personalidades como *ansiosas o fabricantes de ansiedad*. Se trata de la personalidad paranoide o por evitación, la personalidad por dependencia y la personalidad obsesiva.

- **La personalidad por evitación**, como su nombre indica, evita actividades que impliquen un contacto con los demás por miedo a la crítica o al rechazo. Esta persona se bloquea en situaciones en las que no sabe qué se encontrará. Tiende a verse como incapaz y cree que produce desagrado.

• **La personalidad por dependencia** es la de aquel que tiene dificultades para tomar decisiones. Siempre busca a alguien que las tome en su lugar. Tiene miedo a equivocarse y serias dificultades para llevarle la contraria a los demás, a pesar de estar en desacuerdo. Asimismo, le cuesta iniciar proyectos personales y tiene una necesidad exagerada de lograr protección por parte de su entorno inmediato.

• **La personalidad obsesiva** es rumiadora, da vueltas a las cosas, rebobina escenas que ha vivido, busca los detalles, tiene un orden excesivo, enfermizo. Es perfeccionista a la hora de finalizar un trabajo; le cuesta mucho acabarlo, pues lo repasa una y otra vez. Dedica mucho tiempo a trabajar, pero produce poco porque es poco flexible.

Esta última tiene además una modalidad llamada *personalidad compulsiva*, que es cuando las obsesiones salen al exterior en forma de ritos. Pertenecen a este grupo las personas que para tranquilizar su ánimo se sienten forzadas a hacer cosas. Por ejemplo, alguien que se lava las manos cada dos por tres, alguien que se levanta por las noches para comprobar que ha cerrado el gas o que las puertas están cerradas con llave… Se trata de manías irracionales. Los franceses las llamaban ya en el siglo XIX la *folie de la dute*, la indecisión por las cosas pequeñas del día a día.

Un caso práctico: limpieza compulsiva

Vamos a estudiar el caso de una mujer de 52 años, casada y que vive en el norte de España. Tiene dos hijos y dos hijas. Una de ellas vive muy cerca y ambas mantienen una estrecha relación. Sin embargo, la relación con el marido es distante. Se ha ido enfriando a causa de las manías de ella y de su personalidad obsesiva.

Vienen los dos a la consulta y él, que es muy poco hábil psicológicamente, lo primero que me dice es que su mujer no está loca, pues los psiquiatras son los médicos de los locos. Enseguida le corrijo y le digo que el psiquiatra es el médico de la conducta y que la palabra *loco* está borrada de nuestro diccionario. Se trata de un hombre con muy poca vida social y con un carácter seco, distante y autoritario. Le pido que en la próxima consulta no venga él, sino su hija, que tiene mucha más psicología y entiende mejor a su madre.

Los síntomas de la madre son los siguientes:

- Se lava las manos unas quince veces al día.
- Cuando va a un restaurante o a un bar, coge la taza por el lado contrario para no tocar donde otros han bebido.
- Por miedo a contaminarse, lleva el dinero en una cartera que abre al pagar sin tocarlo; incluso ha llegado a lavar las monedas.

Es, por lo tanto, una persona obsesiva y con antecedentes en su madre, que también era muy ordenada, maniática del orden y de las listas.

En primer lugar les explicamos a las dos que su madre tiene una enfermedad obsesiva con el agravante de que en los últimos años se ha aislado, con lo que lleva una vida excesivamente monótona y depresiva. Su tratamiento va a tener cinco partes: *farmacoterapia*, *psicoterapia*, *socioterapia*, *laborterapia* y *biblioterapia*.

- En **farmacoterapia** le ponemos medicación en vena y vía oral un antidepresivo que bloquea las obsesiones. Fue descubierto en 1952 y da buen resultado. También le doy una medicación para el insomnio.

- La **psicoterapia cognitiva conductual** consiste en cambiar esquemas mentales que le van a reprimir la conducta. El primer ejercicio consiste en ir al cuarto de baño y que me explique cómo se lava las manos. Observo que tarda casi diez minutos en lavárselas. Me cuenta que siente que las manos no están limpias y repite la frase: *No me quedo tranquila, no me quedo tranquila.* La segunda vez que va a lavárselas, hacemos un ejercicio de respiración y de relajación. Consiste en sentarse disminuyendo la ventilación respiratoria; toma aire por las fosas nasales y lo expulsa por la boca despacio. Repite el ejercicio tres o cuatro veces hasta aprender a controlar la ansiedad. Asimismo, cuando va hacia el cuarto de baño, se repite a sí misma unos mensajes positivos: *No lo hagas... Es una enfermedad... Las manos están limpias... No quieres estar enferma...* Veo a la paciente cada dos días y la hija me cuenta que ya los primeros días se lava menos veces las manos. Lo apunta en la libreta de «progresos», con fecha, y anota el logro. De esta manera, se va motivando al ver en la libreta que va avanzando.
- La **socioterapia** consiste en ir a dos actividades en la ciudad en la que vive. Por ejemplo, le decimos que vaya a un curso de cocina, aunque ya sabe cocinar, para reunirse con otras personas. Se da cuenta de que cuando está sola y tiene tiempo, sus obsesiones vuelven, con lo cual le ponemos más actividades. La apuntamos a otro curso y le hacemos leer dos libros: uno mío que se titula *Quién eres* y otro de Dyer que se llama *Tus zonas erróneas.*
- En cuarto lugar, **laborterapia**. Le pido que trabaje como voluntaria en un comedor para pobres un día a la semana para que se sienta realizada.
- La quinta terapia consiste en leer novelas; es decir, se trata

de una **biblioterapia:** le pido que alterne libros más exigentes con otros más sencillos. Asimismo, le he dicho que empiece a escribir todas las cosas positivas que se le ocurran.

Observo que, a medida que pasan los meses, ha logrado reducir drásticamente el número de veces que se lava las manos. Su marido nos visita también al cabo de un tiempo, motivado por la mejoría de su mujer. Le decimos que es muy importante que le aporte **estimulación verbal positiva**, que sepa decirle con frecuencia lo bien que la ve y que confía en que ella mejorará aún más.

Cómo poner fin a las preocupaciones

Para disfrutar de la alegría de estar vivo, hay que dejar de preocuparse por las cosas que todavía no han sucedido y que muy posiblemente no sucederán. No hay que estresarse inútilmente. Si tenemos que enfrentarnos a un problema, este tiene que ser real. En su momento ya buscaremos la mejor solución para salir airosos. Hay que saber vivir el momento.

La mejor manera de apartar las preocupaciones es tener *ocupaciones*, ser activo. Ocuparnos de las cosas en lugar de preocuparnos por ellas. Nuestras aficiones, nuestra vida profesional o el deporte nos ayudan a tener la mente ocupada[4] en cosas productivas para no divagar en miedos absurdos que no aportarán nada bueno a nuestra existencia.

4. Y saber introducir en nuestra cabeza una cierta *ingeniería de mensajes positivos y realistas*, que neutralicen ideas negras y recuerdos nefastos. El psiquiatra y el psicólogo avezados lo sabrán hacer muy bien.

Un refuerzo poderoso: la risoterapia

Está comprobado que la risa, la carcajada, tienen propiedades curativas y beneficiosas para nuestra mente y nuestro organismo. Ayuda a combatir la depresión, la ansiedad, el estrés y los problemas con el sueño.

Al mismo tiempo, reír es bueno para la circulación, el corazón y el sistema respiratorio. Por otra parte, contribuye a la comunicación social, ya que las personas con sentido del humor conectan con más facilidad con las otras que las que muestran un talante serio. Por eso las sesiones de risoterapia suelen ser en grupo, ya que la risa se contagia incluso a quien no tiene facilidad para ello.

El origen de la risoterapia es muy lejano. Hace ya milenios que, tanto en China como en la India, existían lugares destinados a esta hilarante actividad. También la figura del cómico, payaso o bufón existe desde hace siglos y cumple esa misma función.

Sigmund Freud sostenía que reír tenía como consecuencia que el cuerpo liberaba la energía negativa.

Propiamente como disciplina terapéutica moderna, sin embargo, fue en la década de 1970 cuando la risa fue introducida en algunos hospitales, cosechando buenos resultados entre los enfermos.

El psiquiatra William Fry asegura que con solo tres minutos de risa plena se consiguen los mismos beneficios que diez minutos agotadores de aeróbic. Hay que tener en cuenta que la carcajada obliga a que cuatrocientos músculos de nuestro cuerpo se pongan en funcionamiento. El cerebro libera entonces las endorfinas —las hormonas de la felicidad—, que estimulan los centros de placer de nuestro cuerpo y, de esta manera, pueden calmar el dolor.

A medida que nos hacemos mayores dejamos de reír. De niños podíamos llegar a reír centenares de veces cada día. Cuando somos adultos nos reímos apenas un par de docenas de veces, y tal vez a carcajada limpia no lo hacemos durante años.

Cuando la risa es liberada totalmente, los pulmones pueden llegar a inspirar hasta doce litros de aire, cuando normalmente no inspiramos más de seis, por lo que los beneficios para el organismo son evidentes.

La risa favorece la digestión, ya que las carcajadas mueven los intestinos y facilitan así el tránsito. La risa también mejora el estado de los hipertensos, ya que aumenta el riego sanguíneo. Asimismo, reduce inmediatamente el estrés y la ansiedad.

En las sesiones de risoterapia se llevan a cabo técnicas que provocan la risa, haciendo que las personas se rían en grupo. Se trata de compartir este beneficioso e hilarante estado. Muchas empresas envían a sus directivos y a sus trabajadores a este tipo de terapias para desestresarlos, y los resultados son siempre positivos.

Algunas instituciones hospitalarias están incluyendo últimamente payasos en los centros en los que hay ingresados niños, y también se hacen sesiones de risoterapia en geriátricos. En todos los casos, los pacientes o los ancianos disfrutan de buenos momentos y sus organismos se benefician de ello.

Deberíamos preguntarnos cuándo fue la última vez que nos reímos sinceramente con ganas, e intentar recuperar parte de la libertad con la que nos carcajeábamos de niños.

Más allá de la alegría de compartir la risa y distender el cuerpo, el humor es un gran relativizador que nos ayuda a tomar una distancia muy saludable respecto a nuestros problemas.

Sobre esto, el gran Groucho Marx daba la siguiente fórmula: tragedia + tiempo = comedia.

EJERCICIO PRÁCTICO: EL MÉTODO CARLSON

Tal vez el autor que mejor se ha ocupado de las preocupaciones es Richard Carlson, un psicólogo muy célebre en la prensa estadounidense por sus artículos sobre la felicidad y la calma. Su libro *No te ahogues en un vaso de agua* propone cien estrategias de aplicación inmediata, de las cuales vamos a resumir veinte de las más útiles para desactivar las preocupaciones cotidianas:

1. No sufras por pequeñeces.
2. Haz las paces con la imperfección (no te centres en las cosas o aspectos negativos).
3. Toma conciencia del efecto de bola de nieve de tus pensamientos.
4. No interrumpas a los demás ni acabes sus frases.
5. Aprende a vivir el momento presente.
6. Permite que los demás tengan «razón» en la mayoría de las ocasiones.
7. Sé más paciente.
8. Sé el primero en actuar afectuosamente o tender la mano.
9. Plantéate la pregunta: ¿tendrá esto importancia dentro de un año?
10. Ríndete al hecho de que la vida no es justa.
11. Permítete aburrirte de vez en cuando.
12. Repite para ti mismo: «La vida no es una emergencia».
13. Dedica un momento cada día a pensar en alguien a quien darle las gracias.
14. Sonríe a los desconocidos, míralos a los ojos y salúdalos.
15. Dedica un rato cada día al silencio.
16. Procura comprender primero.
17. Escoge tus batallas con sabiduría.
18. Toma conciencia de tus estados anímicos y no te dejes llevar de los momentos malos.
19. Mira más allá de lo que se ve a simple vista.
20. Piensa que siempre es preferible ser amable que tener razón.

EL PEQUEÑO TEST DE LA ALEGRÍA

1. **Los momentos en los que te sientes alegre...**
   (a) Son breves pero intensos.
   (b) Superan los momentos de tristeza y los compensan.
   (c) Dependen de ti, puesto que la alegría puede cultivarse en uno mismo.

2. **Para ser mejores en lo que hacemos, el secreto es...**
   (a) Adquirir muchos conocimientos, cuantos más mejor.
   (b) Prestar atención a los maestros cotidianos.
   (c) Perfeccionarnos a nosotros mismos.

3. **La ansiedad es producto de...**
   (a) El mundo de locos al que hemos venido a parar.
   (b) Las tensiones que vamos acumulando en nuestro ajetreado día a día.
   (c) Una interpretación errónea de la realidad que podemos corregir.

4. **Si queremos dejar de preocuparnos, debemos...**
   (a) Solucionar los conflictos que están latentes.
   (b) Relativizar los problemas y no adelantarnos a sus consecuencias.
   (c) Ocuparnos de las cosas aquí y ahora.

5. **La risa es un medio para...**
   (a) No llorar por todas las calamidades que suceden en el mundo.
   (b) Descargar tensiones.
   (c) Tomar distancia de las cosas y de nosotros mismos, lo cual nos aporta perspectiva.

PUNTUACIÓN

Cada (**c**) suma 2 puntos y cada (**b**) 1 punto, mientras que la (**a**) no puntúa.

7 O MÁS PUNTOS

Las lentes con las que miras la vida están hechas de transparente alegría, lo cual no significa que a veces no caigas en la trampa de la melancolía.

DE 4 A 6 PUNTOS

Tu estado de ánimo navega por el espectro medio de las emociones. A veces eres demasiado comedido con la alegría por miedo a perderla.

MENOS DE 4 PUNTOS

Eres ansioso y amigo de las preocupaciones. Para romper con esa inercia mental negativa debes empezar anclándote al aquí y ahora.

DECÁLOGO DE LA ALEGRÍA

I. **Siente la alegría que hay en ti.** Es un sentimiento que experimentamos independientemente de nuestras posesiones. Estamos alegres por la felicidad de los que nos rodean, porque nos disponemos a cumplir nuestras metas más profundas.

II. **Genera endorfinas, la droga natural de la felicidad.** Nuestro cuerpo segrega hormonas que controlan nuestro estado de ánimo e inhiben el dolor. Podemos ayudar a segregarlas a través del ejercicio y de las actividades que nos producen placer y calma.

III. **Aprende a compaginar corazón y mente en las relaciones.** Cuando amamos a veces somos incapaces de racionalizar lo que nos sucede, aunque una relación basada en la razón tampoco es aconsejable. Debemos aprender a combinar la frescura de la juventud y la cabeza de la madurez. *Ser cartesiano y seguidor de Stendhal a la vez.*

IV. **Chequea tus clases de inteligencia.** Descubre en qué terrenos funciona mejor tu músculo más valioso y trabaja en aquellas inteligencias que tienes menos lubricadas. Inteligencia para la vida es saber gestionar bien nuestras posibilidades.

V. **Seduce desde la naturalidad.** El secreto es dar sin entregar, porque lo que se recibe de forma sencilla no se valora. Interésate sinceramente por los demás y procura ofrecerles una conversación enriquecedora y bidireccional. *A lo sencillo se tarda tiempo en llegar.*

VI. **Desarrolla tu inteligencia emocional.** Pues es la clave de todas las otras. Para ello debes conocerte a ti mismo y enfrentar tus emociones, al tiempo que reconoces y respetas las de los demás con el viaje de la empatía.

VII. **Procura que tus emociones no te dominen.** No es tarea fácil, pero si le das la importancia justa a cada acontecimiento, no juzgas ni prejuzgas y eres flexible ante los cambios, lograrás moldear tu interior con artesanía emocional.

VIII. **Elimina todo aquello que te limita y estresa innecesariamente.** Si asumes que debes ser tú mismo y no tienes por qué gustar a todo el mundo, te relacionarás sin miedo con los demás y contigo mismo. No es necesario que todo sea perfecto, ni siquiera tú mismo. Basta con mejorar.

IX. **Ocúpate de las cosas en lugar de pre-ocuparte.** Tendemos a sufrir ansiedad por cosas que no han sucedido aún y tal vez nunca sucedan. En lugar de eso, debemos concentrarnos en la realidad presente y sus dones[5].

X. **No dejes de reír.** La risa nos fortalece, nos llena de vitalidad y salud. Además, disuelve los estímulos negativos de nuestra mente y nos permite ver cualquier acontecimiento con suficiente perspectiva para hallar soluciones. *El sentido del humor es patrimonio de los inteligentes.*

5. No hay hecho más o menos negativo que no pueda ser neutralizado (casi en su totalidad) si se racionaliza bien y se aplican con rigor los instrumentos de la razón.

TERCERA PARTE

OTOÑO. EL ARTE DE MADURAR

capítulo siete

Octubre. Crecer más allá de nuestros límites

Muchas veces lo imposible es aquello que no ha sido intentado.

JIM GOODWIN

La madurez es un estado de plenitud que se caracteriza por lo dinámico, nunca por lo estático. No es un lugar al que llegas y te instalas, ya que *la vida es movimiento, cambio constante*. En ese sentido, la madurez es más un estado mental que un proceso físico como la oxidación de las células que lleva al envejecimiento.

Ante las dificultades, la persona psicológicamente evolucionada no se rinde porque tiene un horizonte lo suficientemente amplio para relativizar lo que sucede, y puede contrastar cada hecho con eventos anteriores. En definitiva, tiene sabiduría práctica para lidiar con los embates de la vida.

Los indicadores que caracterizan a una persona madura son:

- **Ser realista y exigente con nuestras posibilidades.** Eso supone tener los pies en el suelo, pero al mismo tiempo no renunciar a las ilusiones y retos, aunque exijan grandes esfuerzos.

- **Contar con un proyecto de vida,** un programa[1] en el cual estén los grandes argumentos de la existencia humana: *amor, trabajo, cultura y amistad.*
- **Tener una buena ecuación entre corazón y cabeza.** La personalidad equilibrada es aquella ni demasiado fría ni demasiado sensible.
- **Capacidad para superar los acontecimientos negativos** del presente y del pasado. Una persona inmadura se queda atrapada en la red de los recuerdos traumáticos.
- **Tolerancia para superar las frustraciones.** La frustración es necesaria para la madurez del individuo. Lo que nos hace crecer como seres humanos son las derrotas, no las victorias. En la victoria o el éxito, una persona puede emborracharse, mientras que la derrota invita a pensar en el porqué.
- **Ser responsable de los propios actos** en todos los ámbitos en los que nos movemos, ya sea profesional, afectivo, familiar o de amistad.
- **Dar la importancia justa a los problemas.** Otro signo de madurez es no convertir las adversidades en calamidades terribles y dramáticas contra las que no se puede hacer nada.
- **Sentido del humor.** La capacidad de reírse de uno mismo y de las circunstancias es un seguro de salud psicológica que nos permite ver los problemas con perspectiva y actuar de forma más eficiente y desapasionada.

1. Cada uno es arquitecto de su propio destino.

El País de Nunca Jamás: ¿por qué nos da miedo madurar?

La psicología actual estudia infinidad de trastornos; muchos de ellos aparecen bajo nuevas etiquetas, pero eso no significa que no existieran antes, sino que simplemente no habían sido tipificados y analizados antes por la lupa de la psiquiatría y la psicología.

El síndrome de Peter Pan, por ejemplo, ha existido siempre, pero hoy le prestamos más atención. Esta forma de conducirse típicamente masculina no suele analizarse en el diván del terapeuta por una razón que ahora veremos.

El 80 por ciento de las personas que acuden a mi consulta son mujeres, y una proporción similar leen mis libros y vienen a mis charlas. ¿Por qué ocurre esto? Pues porque *la mujer tiene mucho más interés por la psicología que el hombre*. A este último aparentemente no le interesa, ya que se refugia en su trabajo o sencillamente no ha tenido la educación emocional necesaria para indagar en el fondo de sus problemas sin prejuicios.

Se dice a menudo que los hombres no lloran o que no saben expresar los sentimientos, como si eso justificara que los hombres sean secos y distantes. Esta limitación, que es una muestra de inmadurez, supone para la vida conyugal un obstáculo difícil de salvar.

En esta sección vamos a centrarnos en dos síndromes que aquejan sobre todo al género masculino.

El síndrome de Peter Pan

Este mal de nuestro tiempo tiene como característica principal el miedo a madurar, el *pánico a los compromisos y responsabilidades*. Este temor puede tener su origen en un ambiente familiar hiperprotector. Antiguamente a las madres que sobreprotegían a los niños las llamaba madres *castradoras*, porque están tan volcadas en sus hijos que no los preparan para la vida.

Pero el miedo a madurar puede surgir también en un ambiente desprotegido. A los niños que han crecido muy solos en el hogar los denominamos *hijos llaves*. Son niños que llevan colgada la llave de su casa, pues cuando llegan allí no hay nadie y no esperan que los protejan.

Volviendo al síndrome de Peter Pan, es un síndrome muy frecuente en los últimos años en Occidente, pues se ha retrasado la edad de la madurez. Existen varios factores que justifican este retraso:

- El bombardeo de noticias y otros estímulos que nos desbordan.
- La permisividad imperante.
- La pérdida de referentes educacionales.
- La posibilidad de escoger lo que quieras a la hora que quieras y como quieras...

El niño que no quería crecer

Todos conocemos al carismático personaje del cuento de James Barrie, Peter Pan, un joven que quería ser eternamente niño y que por ese motivo vivía en Nunca Jamás, ajeno al mundo real. También recordamos a Wendy, la muchachita que se escapa por la ventana, embelesada por Peter, y una vez en Nunca Jamás cuida de él y de los niños perdidos como si fuera su madre, sin importar las insensateces que hagan.

Es solo un cuento y en la fantasía no sale nadie perjudicado. El problema estalla cuando las historias se convierten en realidad y los personajes pasan a ser hombres y mujeres que no desean crecer, y familiares que cuidan de ellos y los disculpan. Estos son los *síndromes de Peter Pan y Wendy* descritos por el psicólogo Dan Kiley en 1983.

El psiquiatra Eric Berne ya utilizó en 1966 a este entrañable personaje para describir al niño que todo adulto lleva en su interior y al que *solo le interesa satisfacer sus propias necesidades*. A partir de este concepto, Kiley desarrolló el síndrome del que estamos hablando. Los individuos que lo sufren pueden ser hombres y mujeres indistintamente, aunque es más común entre la población masculina.

Los Peter Pan son aquellos individuos que no pueden o quieren renunciar a su infancia y adolescencia para madurar y convertirse en adultos. Reniegan de las responsabilidades y normas, y tienen idealizada la infancia, aunque no son melancólicos, y juegan en el presente como si fueran niños.

Se trata de personas que parecen alegres, joviales, llenas de energía y entusiasmo, independientes y fuertes, pero en realidad *tienen un gran temor a la soledad y necesitan a alguien que cuide de ellos*. Aquí entraría en juego una Wendy, ya sea su madre o alguien que cumpla ese papel, como pueden ser los hermanos o una pareja.

Atrapados en el cuento

Los Peter Pan están permanentemente insatisfechos y no hacen nada para remediarlo. Desean grandes cosas, pero les falta iniciativa para lograrlas. Toleran mal el esfuerzo y *prefieren quedarse quietos y vivir en su mundo imaginario*.

En la vida privada pueden ser hombres que salten de una pareja a otra, cada vez más jóvenes, ya que no buscan planes a largo plazo y solo quieren vivir en el presente. Más que tener una familia, lo que en realidad desean es volar libremente sin que nadie los moleste.

Incluso en el caso de que tenga familia, su pareja no estará fácilmente satisfecha, pues Peter Pan no es capaz de mantener un proyecto de vida en común ni de luchar cuando es necesario.

Otro rasgo de las personas que padecen este síndrome es gestionar mal el tiempo, con lo que *dejan siempre las cosas para más tarde o no llegan a completarlas*, así como la incapacidad de mantener la palabra dada. Un individuo Peter Pan es una persona que no ha madurado psicológicamente. Como cree llevar siempre la razón, no acepta críticas ni realiza autoanálisis para darse cuenta de que tiene un problema. Quien padece este síndrome puede tardar muchos años en percatarse, cuando se ve en una vida vacía de contenido y de relaciones afectivas.

Causas y soluciones

Los psicólogos no acaban de ponerse de acuerdo sobre las causas del síndrome, aunque barajan distintas opciones en los diferentes casos. El síndrome de Peter Pan puede deberse a

- Un déficit de cariño en la infancia[2].

2. La afectividad de la madre es la mejor escuela de un niño.

- Sobreprotección por parte de los progenitores; se trata de un niño supermimado por la madre, que no le ha enseñado a luchar en la vida.
- Un crecimiento acelerado de niño a adulto que deja fuera la etapa de la adolescencia y no permite al individuo madurar correctamente.
- Mucha presencia materna y ausencia del padre.

Cualquiera que sea la causa, Peter Pan se encierra en su mundo fantástico —a veces está *enganchado* a juegos infantiles como las videoconsolas, o tiene la habitación llena de muñecos— y se refugia de la realidad adulta que tanto lo abruma, hasta que un día cae en pleno vuelo, se estrella y empieza a hacerse preguntas, pues se da cuenta de que no hay nada real ni fiable en su vida.

Es entonces cuando la persona que durante todo ese tiempo ha sido como Peter Pan necesita psicoterapia para recuperar lo que le falta, esas habilidades emocionales que lo ayuden a madurar y a enfrentarse con las consecuencias de sus actos sin echar la culpa a los demás, así como a afrontar la realidad y buscar su propio camino.

El síndrome de Simón

Cada día son más las mujeres solteras, con mentes y corazones bien amueblados, que se sienten insatisfechas con el sexo opuesto y se quejan de encontrar solo adolescentes a los que les faltan demasiados años para madurar. Esto es debido al *síndrome de Simón,* una variante del síndrome de Peter Pan que describí en un artículo publicado en el 2009.

En él remarcaba el perfil del hombre que sufre el *síndrome de Simón*[3], que se divide en cuatro modalidades de conducta:

1) **Soltero.** Para muchos la soltería es como un solar en el centro de una gran ciudad, que siempre puede venderse y que, a medida que pase el tiempo, se revaloriza. Tengo que hacer una crítica sobre este concepto: solo quien es realmente libre es capaz de comprometerse. Perder la soltería por un amor fuerte, sólido, atrayente, sugestivo, indica vida, fuerza y capacidad de arriesgarse. Muchos de estos jóvenes parapetados detrás de ese estatus se exhiben frente a las chicas buscando mostrarse, desfilar por la pasarela de los que «están libres»... y después que puje la que más fuerza tenga para llevarse el trofeo.

2) **Inmaduro.** Los sentimientos son estados de ánimo, positivos o negativos, que nos conducen a acercarnos o alejarnos del objeto que aparece delante de nosotros. Son la vía regia de la afectividad, el camino trillado más frecuente. Voltaire era racionalista y Rousseau, sentimental. Leibniz decía que *tout sentiment est la perception confuse d'une verité*, es decir, que todo sentimiento consiste en la percepción confusa de la verdad.

3) **Obsesionado con el éxito.** La prioridad de esa persona consiste fundamentalmente en encontrar una posición económica adecuada. Y sacrificarlo todo por ese objetivo. Hago una enmienda a la totalidad: es evidente que es importante trabajar el proyecto profesional, pero que ese sea el único elemento fundamental parece pobre, flaco, poco consistente. La parte tomada por el todo. Hay otro factor escondido tras esta obsesión, que es el culto al cuerpo. Es algo que provoca en muchos casos

3. La mujer que se enamora de un soltero que tiene un *síndrome de Simón* va a sufrir mucho.

una cierta fobia al tipo corporal propio e incluso a las partes faciales (a esto se le llama clínicamente dismorfofobia). Esto lo saben bien los médicos de cirugía estética, pues buscan una intervención quirúrgica que palie esa impresión subjetiva.

4) **Narcisista.** El narciso es una planta exótica con hojas largas, estrechas y puntiagudas que crece en la cercanía de los lagos y se inclina como si se mirara en el espejo que el agua le ofrece. Plotino habló del mito del narciso: cuidar tanto la fachada, la portada o la apariencia lleva a producir una idolatría de lo exterior.

Estos perfiles de hombres solo quieren alcanzar el éxito aunque tengan que perder todo lo demás a cambio. Lo sacrifican todo por su profesión y su estatus social. En sus relaciones con las mujeres, les gusta ir de donjuán, les da pánico el compromiso —en eso son como Peter Pan— y prefieren las diversiones de paso. No saben amar, no entienden qué significa entregarse a alguien por completo y bajar las barreras, ni la responsabilidad de que alguien se entregue a ti. No pueden compartir un proyecto común.

El mito griego dice que Narciso era un joven tan bello que se ahogó intentando capturar su propio reflejo, y los dioses lo convirtieron en flor. Del mismo modo, los hombres que padecen el síndrome de Simón *tienen una autoestima tan grande que asfixian a cualquier otra persona que haya a su alrededor*. Les encanta que los adulen, escucharse a sí mismos y ser el centro de atención. Necesitan dar siempre una buena impresión y por ello el culto al cuerpo es una de sus prioridades; el reconocimiento de su entorno es lo que respiran. Tienen un gran complejo de superioridad que los hace arrogantes con los demás hasta el punto de despreciarlos.

Si miramos las causas, pueden haber sido *hombres muy mimados que en su niñez nunca fueran corregidos por sus padres*.

Pero toda esta fachada solo deja un cascarón vacío, con un hombre en el interior indefenso ante los sentimientos que no comprende y que se busca a sí mismo sin llegar a encontrarse, porque le faltan herramientas.

Un caso práctico: a expresar el amor también se aprende

Me llega un señor a la consulta a la fuerza. Lo ha mandado su mujer porque una amiga suya muy aficionada a la psicología se da cuenta de que a este hombre le pasa algo. Lo califican de seco, difícil, frío y distante.

Cuando estudiamos a este paciente, nos encontramos con que tiene un trastorno de la personalidad cuya línea fundamental es la *alexitimia*. El alexitímico es una persona que *no sabe expresar sus sentimientos*. Nuestro hombre nos cuenta que en su casa nunca se daban besos ni se decían cosas agradables. Con eso justifica que él con su mujer solo se ponga cariñoso dos minutos antes de las relaciones sexuales.

Le doy su diagnóstico con mucho tacto, pues noto que le sienta mal. La expresión *desajuste de la personalidad* acostumbra a sonar muy negativa. Le explico que debe tomar una medicación, pues tiene tendencia a padecer estados de ánimo bajos, una especie de melancolía desdibujada o depresión atípica.

Le administramos una medicación muy ligera, un fármaco desinhibidor, una vez al día, y compruebo a los cuatro días que le hace un gran efecto.

A continuación le receto unas pautas de comportamiento:

- Primero debe aprender a expresar sentimientos. Para ello hay dos palabras que quiero que repita por lo menos tres o cuatro veces al día: *gracias* y *por favor*.
- Luego le invito a que le cuente a su mujer cada día algo de su trabajo que sea neutro o positivo.
- Debe decirle a su mujer una vez al día *te quiero*. Una vez por semana debe escribirle una nota y dejársela bajo la almohada. Le doy cuatro fichas con otros ejemplos para que muestre sus sentimientos, pues a él no se le ocurre nada. Interioriza frases como «Querida, que sepas que te quiero a pesar de que no te lo expreso...».
- Desde ahora, además, tiene que empezar a celebrar santos, cumpleaños, aniversario de bodas y alguna otra efeméride que hemos ido seleccionando.
- Le hará un pequeño regalo a su mujer cada quince días. El primero será un bote de colonia, el segundo un cepillo de pelo... Cada regalo irá acompañado de una tarjetita escrita.

Antes de que el paciente incorporara estos recursos, su mujer estaba desesperada, pues creía que su conducta no tenía arreglo, y quería separarse. Se mostraba muy escéptica con la idea de que su marido pudiera mejorar.

Receto al marido este paquete de medidas afectivas porque, aunque no es consciente del problema, me asegura que quiere salvar el matrimonio. Su justificación era:

—Es que yo soy así.

—Pues ser así es una enfermedad —le respondo.

Prueba de que el hombre tenía muy poca habilidad, al empezar los ejercicios que le recomendé en la consulta, le dijo a su mujer al llegar de la calle:

—¡Te quiero! Me ha dicho el doctor Rojas que te lo dijera al llegar a casa.

Otra metedura de pata fue cuando le compró, por primera vez, un bote de colonia y se olvidó de quitarle el precio.

Además de incorporar estos hábitos a su vida de pareja, le he enseñado a desconectar el hecho de ser cariñoso con la sexualidad. Le marco como objetivo ser cariñoso varias veces al día.

Cuando lleva unas semanas de tratamiento, me comenta que se da cuenta de la cantidad de carencias que tiene, pues ni siquiera sabía que estas cosas existieran.

A la esposa, que también viene a la consulta, le he dado pautas para *valorar que su marido está luchando*. Le pido que de vez en cuando le diga algo positivo, *que reconozca verbalmente que se está produciendo un cambio en él*.

Este paciente ha mejorado mucho, y con ello su relación de pareja. El matrimonio se reúne a menudo con amigos, salen a divertirse. Este hombre se ha dado cuenta de que la novedad en la vida conyugal es un soplo de aire fresco.

Cuando le doy el alta, llego a la conclusión de que el paciente adquirió esta enfermedad por imitación de las actitudes de su propio padre y un poco por genética.

La barrera de los diez segundos: ¿dónde está el límite?

Hasta aquí hemos hablado de actitudes limitadoras típicamente masculinas, aunque no exclusivas de este género. Pero dado que este libro se llama *No te rindas*, vamos a hablar ahora de todo lo contrario: cómo romper los límites que nos ponemos entre nosotros y aquello que deseamos ser.

Para ello, vamos a poner un ejemplo del mundo del atletismo que nos demuestra que las barreras humanas se encuentran, fundamentalmente, en nuestra cabeza. La historia que veremos sobre una prueba de atletismo habla en realidad de los límites psicológicos y de cómo nuestras ideas preconcebidas son nuestro muro.

Cuando Bannister abrió la veda

Antes del 6 de mayo de 1954 existía una barrera que parecía físicamente inquebrantable. Los científicos aseguraban que el cuerpo humano no podría resistirlo y cualquier hombre que lo intentase moriría en la prueba: el récord de correr una milla —1,6 kilómetros— en menos de 4 minutos. Todo el mundo creía firmemente en este límite. Todos excepto Roger Bannister, que ese día batió lo imposible con un récord de 3 minutos y 59,4 segundos.

Sin embargo, lo más espectacular y relevante no fue la marca *imposible* alcanzada por Bannister, sino que al cabo de siete meses más de treinta y siete atletas habían conseguido batir el récord, y en los siguientes años el número continuó creciendo.

¿Qué podemos aprender de esta gesta en cadena? Básicamente, que el cambio no se produjo en el exterior, sino en la mentalidad de los atletas. Cuando nuestros pensamientos cambian, el mundo que nos rodea cambia con ellos, porque somos capaces de *ver nuestras posibilidades*. Un pensamiento es capaz de limitarnos, porque el mundo es un reflejo de nuestras creencias. Pero los mismos pensamientos son los que, si no nos rendimos, pueden romper los límites.

Debemos detenernos a pensar y *analizar los prejuicios, creencias y pensamientos que nos limitan*. Necesitamos ver el mundo desde otro punto de vista para ayudarnos a lograr nuestros objetivos.

Otro imposible que dejó de serlo

Jim Hines nació en Arkansas en 1946 y jugó al béisbol hasta que un entrenador de atletismo se fijó en él y lo convirtió en velocista. En el campeonato de Sacramento de 1968, Hines batió otro récord mundial que se consideraba inalcanzable: correr los cien metros lisos en menos de 10 segundos.

Hines logró una marca de 9,95 segundos que conservó durante quince años, pero en 1983 Calvin Smith marcó 9,93 segundos rompiendo el límite de Hines. En las cuatro décadas siguientes fueron muchos los corredores que bajaron de los 10 segundos hasta alcanzar la marca de 9,58 de Usain Bolt.

¿Cómo es posible que una barrera infranqueable dejara de serlo para decenas de atletas? La respuesta es: el muro cayó en el momento en que borraron la palabra *imposible* de su diccionario personal. Porque, en definitiva, romper la barrera de los 10 segundos es *dejar atrás todos nuestros límites*.

EJERCICIO PRÁCTICO: PARA EDUCAR EN LA MADUREZ

Los ejercicios para la madurez son difíciles de aplicar, pues es un concepto muy amplio, pero estas leyes prácticas resultan muy útiles para educar a los hijos como seres autónomos, realizados y responsables de sus actos:

- Los progenitores deben preocuparse de cómo van los hijos en los estudios. Sin embargo, no deben medirlos solo por las notas que sacan.
- Del mismo modo que felicitan a los hijos por un éxito, deben enseñarles a restar importancia al resultado negativo de un examen. Se trata de una oportunidad para hacerlo mejor en el futuro.
- La pareja debe compartir ideas parecidas en cuanto a educación y tener una visión larga de la jugada.
- Es importante enseñar al niño a gestionar de forma útil el tiempo libre y hacer con él cosas agradables, como estar en contacto con la naturaleza, ampliar relaciones, ir a museos, al teatro, al cine…
- Puesto que los padres educan con el ejemplo, para inculcarles la igualdad de género, los mismos adultos deben colaborar a partes iguales, si es posible, en tareas domésticas.
- Para educar en la madurez es esencial, en última instancia, el diálogo. Los padres deben aprender a hablar sin agresiones, sin frases duras, para que los niños adquieran esta misma habilidad.
- Es esencial darles un buen ejemplo: que haya una coherencia entre lo que dicen y lo que hacen.
- Debemos explicar a los niños la enorme importancia de la voluntad: con ella se alcanzan las metas que uno se propone.
- Asimismo, hay que introducir a los hijos en la espiritualidad para que no se rindan ante las duras pruebas de la vida.

EL PEQUEÑO TEST DE LA MADUREZ

1. **Ser maduro significa en esencia...**
   (a) Sumar años y experiencias.
   (b) Dejar atrás los vicios y errores de juventud.
   (c) Ser capaz de mirar los problemas y satisfacciones con perspectiva.

2. **Lo peor de un compromiso sentimental es que...**
   (a) Nos impide vivir con libertad.
   (b) Llegamos a dudar de si hemos elegido el compañero o compañera ideal.
   (c) Muestra nuestros miedos, pero también es una oportunidad de superarlos.

3. **Nuestros límites están en...**
   (a) Nuestras capacidades físicas e intelectuales.
   (b) Aquella meta que nos planteamos de forma realista.
   (c) El punto exacto donde trazamos la barrera del *No puedo...*

4. **El éxito profesional es importante...**
   (a) Porque nos da la medida de nuestro valor como seres humanos.
   (b) Pero debe guardar un equilibrio con la vida privada.
   (c) Siempre que pongamos en primer lugar la vida personal y familiar.

5. **Educar en la madurez significa...**
   (a) Dar cuanto antes responsabilidades a los niños.
   (b) Enseñar a nuestros hijos a relativizar el éxito y el fracaso.
   (c) Hacer de los niños personas sociables, con iniciativa y resistencia a la frustración.

PUNTUACIÓN

Cada (**c**) suma 2 puntos y cada (**b**) 1 punto, mientras que la (**a**) no puntúa.

7 O MÁS PUNTOS

Tienes un grado de madurez más que notable, aunque no debes tomarte siempre la vida tan en serio. A veces hay que equivocarse para aprender.

DE 4 A 6 PUNTOS

Navegas entre la madurez y la irresponsabilidad. Bastará con que sometas tu vida a examen regularmente para gobernarla con criterio.

MENOS DE 4 PUNTOS

Tienes potencial de Peter Pan o Wendy. Debes empezar a responsabilizarte de tus actos y consecuencias si no quieres quedar varado en el País de Nunca Jamás.

DECÁLOGO DE LA MADUREZ

I. **Madurar es adaptarse y evolucionar a través del cambio.** La mejor nave para navegar por los rápidos de la vida es ser realista y tener un proyecto, afrontar cualquier acontecimiento, responsabilizarnos de nuestros actos y no dar demasiada importancia a las cosas.

II. **Deja a Peter Pan para los cuentos.** Este síndrome lo sufren aquellas personas que no quieren convertirse en adultos, muy especialmente en sus relaciones con los demás, en lugar de ver el mundo que nos rodea de forma responsable y comprometida.

III. **Actúa ante todo.** Buscar y establecer nuestras propias metas, no dejar las cosas para más adelante ni echar las culpas a terceros..., esa es la forma de actuar de una personalidad madura y bien desarrollada.

IV. **Evita el síndrome de Simón.** Este síndrome se refiere al hombre inmaduro que busca el éxito sin importarle los demás. Pero en realidad se trata de una persona insegura que no comprende sus propios sentimientos. Debemos evitar ese modelo, tanto en nosotros como en los otros. *Sus características: soltero, inmaduro, obsesionado con el éxito y narcisista.*

V. **Aprende a decir «te quiero».** Las palabras de afecto, los regalos fuera de fechas señaladas, los pequeños gestos... son los cimientos de una relación madura y de larga duración. Repite: «te necesito», «eres mío», «vales mucho», «perdón», «gracias»... Ese vocabulario personal es una buena práctica psicológica.

VI. **Rompe tus límites mentales.** Las barreras están en primer lugar en nuestra cabeza. Cuando nuestro pensamiento cambia, el mundo cambia con él y aumentan nuestras posibilidades. Por eso es importante analizar nuestras creencias y prejuicios.

VII. **Elimina la palabra *imposible* de tu vocabulario.** Toma como ejemplo las personas de éxito a las que todo les parecía posible; por eso lograron lo que para otros era inconcebible o solo un sueño.

VIII. **Resta importancia a lo negativo.** Podemos decidir el lado de la moneda sobre el que proyectamos nuestra mirada. Disfruta de las cosas buenas que te ocurren y relativiza lo negativo, que solo debe servir como aprendizaje.

IX. **Haz de cada obstáculo un peldaño.** Cada adversidad nos obliga a superarnos y, por lo tanto, nos elevamos tras ella a un nivel superior de conciencia. *Crécete ante las dificultades y te harás más fuerte.*

X. **Disfruta del tiempo solo y en compañía.** Aprovecha tus ratos libres para hacer actividades que amplíen tus horizontes, pero luego comparte con los tuyos los pequeños y grandes descubrimientos del día a día.

capítulo ocho

Noviembre. Nuestros maestros cotidianos

Algunas personas no aprenderán nunca porque creen entenderlo todo demasiado pronto.

ALEXANDER POPE

En una tarde de lluvia sumérgete en un buen libro y déjate llevar.

ENRIQUE ROJAS

El ser humano debe aprender de lo grande y de lo pequeño para progresar. Quien no incorpora nuevos conocimientos y matices a su trayectoria personal se estanca en visiones rígidas que no le permiten lidiar con la vida, que no deja de ponernos a prueba.

Actualmente, en Europa se está produciendo una vuelta a lo espiritual. Durante el siglo XIX se asistió al mito del progreso indefinido. Fue una época en la que se creyó que la investigación iba a llevar al hombre al máximo poder de dominación sobre la naturaleza.

Ya en el siglo XXI se ha puesto de manifiesto que el dominio de la técnica es bueno, pero que si no se gestiona bien puede ser muy negativo. El progreso indefinido no hace al hombre feliz sin más. La felicidad, la plenitud, la mejora personal y el encuentro con uno mismo no vienen de la técnica, sino de unos valores y un rumbo definido.

Como decía Viktor Frankl, *solo quien encuentra un sentido a su vida puede gozar de ella y realizarse plenamente*. En este capítulo hablaremos de los hábitos que ocultan la búsqueda de lo esencial, de pequeñas grandes mejoras y de fracasos que terminan siendo éxitos para quien nunca se rinde.

El dios del consumo

Hay dos síndromes de acumulación de cosas. Uno es el de Diógenes, que consiste en la dificultad para tirar cosas que se van acumulando, sean nuevas o antiguas, hasta que al final se está poseído por todas ellas. Por otro lado, está la enfermedad de la compra compulsiva, que afecta más a menudo a la mujer que al hombre.

El acto de comprar lo que no necesitamos nos procura un relax temporal y nos sirve de compensación por los sinsabores y esfuerzos invertidos en el día a día. Sin embargo, cuando se rebasan ciertos límites, el afán de consumo se vuelve enfermizo. Se acaban adquiriendo cosas inútiles para compensar fracasos o frustraciones, en lugar de atacar de frente la fuente de nuestra insatisfacción.

Este impulso irrefrenable de comprar se da fundamentalmente en las personalidades eufóricas y, de forma más grave, en la depresión bipolar.

La pregunta que nos plantearemos ahora es: ¿qué es lo que de verdad queremos comprar cuando nos dejamos llevar por el consumismo?

La adicción a las compras: un retrato robot

En un mundo materialista en el que no dejan de bombardearnos con *la idea de que tener más significa ser mejor*, el peso de la insatisfacción y los problemas no resueltos llevan a hombres y mujeres a convertirse en compradores compulsivos.

La adicción a la compra irreflexiva es cada vez más común y está afectando peligrosamente a los jóvenes, quienes pasan mucho tiempo en centros comerciales y de ocio, cuando no se aletargan delante del televisor.

Tras dejarse llevar por un deseo irrefrenable de ir de compras, la persona afectada puede pasar horas de tienda en tienda, incapaz de controlar este impulso. En el momento de la compra siente mucha tensión, una angustia que desaparece y se convierte en euforia cuando sale del lugar con todas sus bolsas. Pero esta sensación de bienestar dura poco, porque después siente vergüenza, ansiedad y culpa. La adicción a las compras puede provocar una conducta de irritación con la familia y amigos; además, la persona afectada miente y esconde sus adquisiciones para evitar problemas que, aun así, llegarán en forma de disgustos económicos e incluso de depresión.

Las causas de este trastorno pueden ser diversas y están relacionadas con el carácter del individuo, aunque podemos hacer este retrato robot del comprador compulsivo:

- Es un sujeto acostumbrado a ver atendidos sus caprichos.
- Compra de forma impulsiva para aliviar el sentimiento de ansiedad que la insatisfacción provoca.
- El aburrimiento y la falta de objetivos constituyen un tercer aliciente para volcarse en la compra.

- Confundido por los mensajes que le llegan a través de la publicidad, ha llegado a la conclusión de que el éxito social y la felicidad están ligados a la capacidad de comprar.
- Suele tratarse de una persona con baja autoestima y que no cree en sus propias aptitudes para destacar y triunfar en la vida.
- Raramente es consciente de su adicción, por lo que para ponerle remedio lo primero que debe hacer es tomar conciencia de su situación. Hacer que tengan conciencia de este desorden es un logro muy positivo.

Un comprador compulsivo acaba basando su vida en las compras. Todo su tiempo, dinero y energía están dedicados a unos artículos que después no tienen utilidad real y se acumulan, para vergüenza y pánico del propio afectado.

La adicción suele empezar hacia los 18 años, pero la persona no busca ayuda hasta que los problemas económicos son demasiado graves, cosa que acostumbra a suceder cuando se dispone de ingresos propios y hay una falta de motivación en el tiempo libre. Lo que empieza como una diversión puede terminar convirtiéndose en un grave problema.

Modelos a evitar

Por la televisión y en las revistas vemos a personajes famosos como Katie Holmes, que se gasta 210 000 euros en una sola hora en la *boutique* Barneys, o 15 000 euros en juguetes para su hija; Victoria Beckham, que se gasta 2200 euros en un billete de primera clase para su perro y 350 000 euros en complementos como gafas y zapatos; o Britney Spears, que compra bolsos por valor de 140 000 euros en quince minutos y es capaz de gastarse 4000 más en una hamburguesa solo porque han cerrado la cocina.

Se trata de casos extremos, pero como estas personalidades adictas al exceso están todo el día en los medios de comunicación, acaban siendo el modelo a seguir por muchos jóvenes.

Este fenómeno no es nuevo entre los famosos, ya que se considera que personajes como María Antonieta o la más moderna Jacqueline Kennedy Onassis ya eran adictos.

Claves para no comprar compulsivamente

Si en lugar de adquirir cosas que realmente necesitamos y enriquecen nuestra vida, tenemos tendencia a *tirar el dinero* con compras irreflexivas, este plan de choque puede servir para frenar el hábito antes de que nos traiga problemas financieros y familiares:

- Tomar conciencia de nuestros propios impulsos.
- Cada vez que sintamos el deseo irracional de comprar, podemos buscar recompensas alternativas, como leer un buen libro, practicar deporte o entregarnos al arte de la conversación.
- Debemos evitar llenar la ansiedad o el vacío incorporando algo ajeno a nosotros mismos.
- Puesto que la fuente de la verdadera satisfacción está en nuestro interior, debemos empezar a cultivar nuestras propias potencialidades y la autoestima.
- Elaborar un presupuesto que limite el gasto nos ayudará a

priorizar, con lo que nos limitaremos a lo que necesitamos a la vez que no ponemos en peligro nuestra economía.

- Jamás debemos comprar cuando nos sintamos desanimados o, al contrario, en un momento de euforia.
- También hay que evitar las compras en momentos de caos y bullicio, como las grandes rebajas, ya que tendemos a llevarnos cosas innecesarias a causa del estrés.

Simplifica tu vida: treinta horas para reinventarte

La ejecutiva Elaine St. James llevaba una vida rápida y complicada. Ella y su marido vivían en una casa en las afueras que apenas disfrutaban, tenían amarrado un barco que no usaban y sus trabajos los mantenían alejados a uno del otro durante toda la jornada.

A partir de un fin de semana de retiro en una cabaña, Elaine se replanteó lo que estaba sucediendo en su vida. Fue entonces cuando decidió mudarse con su marido a una casa más pequeña y fácil de mantener cerca del trabajo, y se deshicieron de todos esos cachivaches inútiles que tendían a acumular.

Elaine St. James volcó sus experiencias en el manual *Simplifica tu vida*, en el que ofrece cien consejos para suprimir lo accesorio y así ganar tiempo para hacer lo que realmente deseamos. El primer paso para simplificar nuestras vidas es invertir una hora al día para reflexionar; es decir, que en un mes tendremos treinta horas. ¿Y qué debemos preguntarnos?

Pues se trata de *pensar qué es lo que más complica nuestra vida:* un trabajo que no nos gusta o al que dedicamos demasiadas horas, una casa que se nos cae encima, unas amistades de compromiso a las que dedicamos demasiado tiempo..., para a partir de ahí ver cómo podemos eliminar y simplificar nuestra vida.

Aunque cada cual debe llegar a sus propias soluciones según su situación, estas fueron quince de las medidas a las que llegó la autora de este best seller internacional:

- Eliminar el desorden de su vida y librarse de los trastos.
- Reducir a la mitad el tiempo para hacer la compra, con menos viajes (y más eficaces) al supermercado.
- Trasladarse a una casa más pequeña.
- Conducir un coche pequeño.
- Simplificar el vestuario a aquello que realmente le gustaba.
- No contestar al teléfono o abrir la puerta solo porque están llamando.
- Tomarse de vez en cuando unas vacaciones en casa.
- Saldar las deudas y empezar a ahorrar parte del sueldo.
- Reducir las necesidades.
- Poner la agenda a su servicio en lugar de ser esclava de ella.
- No intentar cambiar a la gente.
- Hacer una sola cosa a la vez.
- Decir que *no* y que *sí* cada vez que sea necesario.
- No quedar con nadie por obligación durante el tiempo libre.

El secreto del *kaizen*

Así como hemos desgranado consejos sencillos para consumir de forma racional y bien dirigida, cualquier gran transformación que queramos introducir en nuestra vida parte de pequeños cambios que, introducidos en nuestro día a día, acabarán revolucionando positivamente nuestra vida.

Los japoneses son unos maestros del detalle, y fue precisamente esta pasión por mejorar lo pequeño la que les llevó al milagro económico después de la Segunda Guerra Mundial.

La filosofía que se oculta tras esa pasión por la excelencia, que podemos aplicar a nuestra propia vida, se ha denominado *kaizen*, un concepto que vamos a estudiar a continuación.

Un cambio para mejorar

En los años cincuenta, el ejército de los Estados Unidos ocupó Japón y llevó consigo estadistas expertos en el control de la calidad para levantar el nivel industrial del país. Durante la posguerra, W. Edward Deming y Joseph M. Juran impartieron lecciones sobre métodos de trabajo a la industria civil japonesa. Así fue como la filosofía de la superación de los japoneses se fusionó con la inteligencia racional de los occidentales, lo cual dio lugar al *kaizen* o cambio para mejorar.

Etimológicamente, *kai* significa «cambio», la acción de enmendar, y *zen* significa «bueno, beneficioso», en el sentido de hacer un bien altruista. Es decir, el *kaizen* es una filosofía para *mejorar cada día un poco más*. El objetivo es muy sencillo: *no debe pasar un solo día sin que haya mejorado algo en tu entorno*, no solo en el ámbito profesional, sino también en tu vida personal y en tu sociedad.

En la empresa, el *kaizen* se ocupa de eliminar desperdicios, lograr el grado óptimo en el trabajo sin importar la sección que ocupe cada trabajador y, como norma general, lograr un mejor rendimiento con el tiempo que tenemos asignado a cada tarea.

Aunque en el entorno de una fábrica el *kaizen* se centra en el control de calidad para diferenciarse —a través de la excelencia— de los competidores, esta filosofía puede aplicarse a todos los ámbitos de nuestro día a día: *no basta con desear mejorar cada día, sino que es necesario actuar*.

En nuestra vida diaria, para seguir la filosofía *kaizen* y mejorar cada día, lo primero que debemos hacer es *reconocer que tenemos problemas*. Solo a partir de este reconocimiento lograremos mejorar, ya que la complacencia es nuestro enemigo. *Un hábito aprendido puede desaprenderse, cambiarse por otro más efectivo y así mejorar nuestras vidas.*

Bien mirado, esta filosofía no deja de ser un método para resolver problemas. Una vez los detectamos y los reconocemos, lograremos elevar la calidad global de nuestra vida introduciendo pequeñas modificaciones.

En su libro *El camino del kaizen*, Robert Maurer analiza cómo podemos modelar la mente a través de pequeños cambios en nuestro modo de pensar. Este ejercicio de artesanía psicológica puede generar una revolución personal que nos acerque a objetivos que nos parecían inalcanzables. Para ello, nos propone seguir los siguientes pasos:

1. **Aísla la tarea que temes o te resistes a hacer.** Concédete un mes para poder llevarla a cabo con éxito. Considera el tiempo que media hasta ese momento un simple entrenamiento.
2. **Dedica unos segundos al día a modelar la mente para esta tarea.** No es necesario ni siquiera que sean minutos; lo importante es que hagamos este ejercicio cada jornada.
3. **Ponte cómodo y cierra los ojos para visualizar la situación difícil.** ¿Dónde tiene lugar? ¿Quién o quiénes hay? ¿Cuál es su aspecto? ¿Hace frío o calor? ¿Qué olores u otras sensaciones me llegan?
4. **Imagínate realizando la tarea.** Sin mover un músculo, debes verte haciendo aquello que temes con total co-

modidad. Conviértete en actor de tu propia película tal como te gustaría que se desarrollara.

5. **Visualiza una respuesta positiva a esta actividad.** Si por ejemplo estás dando una conferencia, imagina a los oyentes entusiastas inclinados hacia delante en sus asientos y el sonido de los lápices rasgando notas.
6. **Aumenta poco a poco el tiempo diario que dedicas a modelar la mente.** La idea es que te sientas cómodo realizando mentalmente esta actividad y puedas trasladarla al exterior sin esfuerzo.
7. **Empieza por lo pequeño.** Cuando estés listo para pasar a la acción, da primero un paso menor para adquirir confianza. Por ejemplo, si vas a dar una conferencia, ensaya primero ante uno o dos amigos.

El fabuloso arte de fracasar

El economista y conferenciante Álex Rovira decía en una entrevista que pocas personas se recuperan de un éxito, mientras que del fracaso todo el mundo aprende algo.

En esta sección veremos una miscelánea de maestros del fracaso que lograron extraer oro de sus errores. Antes, sin embargo, es importante que distingamos varias clases de fracaso y su efecto en nuestra vida:

- El **fracaso social** es no ser aceptado en nuestro entorno, quedar marginados, sentirnos incomprendidos por los demás.
- El **fracaso profesional**, juntamente con el **fracaso económico**, es el que marca más al ser humano, especialmente al hombre, que lo vive como una humillación.

- El **fracaso sentimental**, en cambio, es el que preocupa más a la mujer, en términos generales, que necesita realizarse afectivamente para sentirse completa.

Tal vez exista, sin embargo, un fracaso peor que estos cuatro que hemos mencionado, y es *la no aceptación de la propia realidad.*

Grandes fracasados que acabaron triunfando

Solo a través de nuestros errores tenemos la oportunidad de aprender algo nuevo. Es así como subimos peldaños en nuestra evolución personal. El fracaso y las crisis son la manera que tiene la vida de enseñarnos a caminar por territorios que de otro modo nunca habríamos descubierto.

Así como las crisis son oportunidades para madurar y nos permiten distinguir lo importante de lo accesorio, el fracaso nos aporta importantes lecciones, empezando por la humildad, a la vez que estimula nuestra capacidad de inventiva y de explorar nuevas soluciones.

Si superamos el miedo a que no se cumplan nuestras expectativas, descubriremos que cuando eso sucede se abren otros caminos.

Charles Dickens decía que *cada fracaso enseña al hombre algo que necesitaba aprender.* A continuación veremos ocho ejemplos de personalidades que, gracias a sus fracasos, encontraron la llave del éxito, porque no hay que olvidar que el fracaso enseña lo que el éxito oculta:

- **Cristóbal Colón** descubrió América debido a un error garrafal en el cálculo de la navegación hacia las Indias

Orientales. Gracias a su fracaso, hoy se habla español en gran parte del mundo.

- **Ernest Shackleton** fue un explorador y aventurero que vio frustrados sus intentos por viajar al Polo Sur cuando otros se le adelantaban, hasta que la mala fortuna hizo que los hielos atraparan su barco. Aun así, Shackleton arriesgó su vida para salvar a su tripulación y en ningún momento dudó que lo lograría. Al relatar esta gesta, reconoció que este había sido el mayor éxito de su vida.
- **Thomas A. Edison** fue un inventor que consideraba cada fracaso como un nuevo paso hacia su meta, un error que le revelaba dónde debía mejorar y le mostraba hacia dónde encaminarse. Por ello no escatimó en tiempo y recursos para inventar la bombilla, y probó con miles de filamentos hasta que se hizo la luz.
- **Hellen Keller** perdió sus sentidos, incluida el habla, a causa de una enfermedad. Gracias a su optimismo, a su tenacidad y a su deseo de superarse, llegó a ser una mujer que estudió en la universidad y dio conferencias por todo el mundo.
- **Ingvar Kamprad**, el fundador de IKEA, ha creado todo un imperio con una sola brillante idea: muebles baratos que uno puede montar por sí mismo. Pero no todo fue fácil, ya que cuando Kamprad estaba despegando, los fabricantes suecos decidieron vetarlo en las ferias del mueble, algo que, lejos de desanimarlo, le obligó a abrir horizontes y proyectarse hacia el extranjero. Gracias a eso, hoy encontramos IKEA en todo el mundo.
- **Richard Branson**, creador del imperio Virgin, fracasó en sus primeros negocios, pero le mantuvo a flote su carácter optimista, convencido además de la necesidad de ayudar a los demás y devolver parte de lo que la vida te da.

- **Steve Jobs**, el creador de Apple, sufrió un terrible contratiempo cuando fue despedido de la propia compañía que había fundado. Sin embargo, aprovechó el fracaso para empezar de nuevo y lanzar la compañía de animación Pixar, donde nacieron películas que batieron el récord de taquillas como *Toy Story*.
- **J. K. Rowling**, autora de los libros de Harry Potter, vivió en la pobreza durante una larga temporada después de trabajar como profesora. Se encontraba en el paro, tenía una hija y no sabía cómo salir adelante, pero justamente ese estado fue el que le hizo darse cuenta de que lo que realmente le gustaba era escribir.
- **Edith Piaf** tuvo una vida terrible. Abandonada por su madre y maltratada por su padre, de pequeña, hasta los 10 años, vivió en un prostíbulo. Cantó en la calle, en los tugurios de Montmartre en París..., pero su voz llegó a ser el alma de esta ciudad.
- **Juan Pablo II** se quedó de niño sin madre, que murió cuando él tenía 9 años. Vivió el nazismo y el comunismo. Enseñó con su ejemplo que la fe y la razón pueden ir de la mano. Ha sido para el *Time*, *The New York Times* y el *Frankfurter Allgemeine*, entre otros periódicos, el hombre humanista del siglo XX.

Un caso práctico: la cura de la constancia

Me visita un chico de 33 años extremeño, ingeniero de profesión. Muy obsesivo e inmaduro en cuanto a su proyecto personal y a sus sentimientos, ha tenido ya cinco trabajos. Adolece de pereza matutina, tiene poca voluntad y poca disciplina. Detecto también en él un fondo de inseguridad.

Me cuenta que en el trabajo le afecta mucho la presión que hay en la empresa. Cuando está muy cansado, se observa a sí mismo y se ve triste y desganado, con ansiedad, le duele la tripa... Llama a menudo al trabajo diciendo que no se encuentra bien y que no puede asistir. Ha pedido numerosas bajas.

En un primer diagnóstico, veo que ha ido realizando un aprendizaje negativo. Su dificultad para vencerse a sí mismo ha hecho que haya sido despedido del trabajo en varias ocasiones.

Cuando acude a mi consulta, acaba de conseguir un nuevo trabajo y tiene una relación con una chica con la que ha roto tres veces en el año y medio que llevan juntos. Ella está desesperada por las dudas de él y por sus frases desafortunadas.

Le aplico la siguiente psicoterapia para que no pierda el trabajo que tiene ahora:

- Primero de todo, establecemos un horario regular para acostarse.
- Cada mañana toma una medicación para activarse y aumentar la concentración matutina.
- Está aprendiendo a mejorar la relación con su novia, corrigiendo los hábitos que deterioran la relación y adoptando otros más saludables.

Aunque hace poco que hemos iniciado la psicoterapia, lleva casi un mes en el trabajo y ha mejorado mucho en todos los aspectos. Está muy concienciado de que quiere seguir en esta línea para mantener su profesión y su vida sentimental.

EJERCICIO PRÁCTICO:
DIECISÉIS CLAVES PARA VIVIR CON SABIDURÍA Y FELICIDAD

Aunque son consejos de gran lucidez, actualidad y sentido común, este decálogo de 16 puntos fue escrito en el siglo XVII por una monja llamada Desiderata en la localidad estadounidense de Baltimore, donde se conservan estas leyes del buen vivir:

1. Anda plácidamente entre el ruido y la prisa, y recuerda la paz que reside en el silencio.
2. Vive en buenos términos con todo el mundo, todo lo que puedas sin rendirte.
3. Di tu verdad tranquila y claramente; escucha a los demás, incluso al aburrido y al ignorante: ellos también tienen la suya.
4. Evita a las personas ruidosas y agresivas, no hagas vejaciones a tu espíritu.
5. Si te comparas con otros, puedes volverte vanidoso o amargo, pues siempre habrá personas más grandes y más pequeñas que tú.
6. Disfruta de tus logros, así como de tus planes.
7. Mantén el interés en tu propia carrera, aunque sea humilde: es una verdadera posesión en las cambiantes fortunas del tiempo.
8. Usa la precaución en tus negocios, pues el mundo está lleno de trampas.
9. Pero no por eso te ciegues a la virtud que pueda existir: mucha gente lucha por altos ideales y en todas partes la vida está llena de heroísmo.
10. Sé tú mismo. Especialmente, no finjas afectos. Tampoco seas cínico respecto al amor, porque frente a toda aridez y desencanto el amor es perenne como la hierba.
11. Recoge mansamente el consejo de los años, renunciando graciosamente a las cosas de la juventud.

12. Nutre tu fuerza espiritual para que te proteja en la desgracia repentina. Pero no te angusties con fantasías. Muchos temores nacen de la fatiga y la soledad.
13. Junto con una sana disciplina, sé amable contigo mismo. Tú eres una criatura del universo, no menos que los árboles y las estrellas: tienes derecho a estar aquí.
14. Y te resulte evidente o no, sin duda el universo se desenvuelve como debe.
15. Por lo tanto, mantente en paz con Dios, de cualquier modo que lo concibas, y cualesquiera que sean tus trabajos y aspiraciones, mantén en la ruidosa confusión paz con tu alma.
16. Con todas sus farsas, trabajos y sueños rotos, este sigue siendo un mundo hermoso. Ten cuidado. Esfuérzate en ser feliz.

EL PEQUEÑO TEST DE LA CRISIS

1. **En un momento de crisis, hay que...**
   (a) Aprovechar las oportunidades que surgen en todo periodo de cambio.
   (b) Ponerse a cubierto y esperar a que pase.
   (c) Extremar la prudencia.

2. **Los pequeños cambios sirven para...**
   (a) Realizar grandes progresos y ganar calidad en nuestra vida.
   (b) Afrontar problemas pequeños.
   (c) Lograr avances modestos sin que nos abrume el gran objetivo.

3. **Ante un fracaso, la postura más inteligente es...**
   (a) Aprender qué ha fallado para mejorar.
   (b) Tirar la toalla y dedicarnos a otra cosa.
   (c) Buscar la colaboración de terceras personas.

4. **Cuando estalla un conflicto en el lugar de trabajo...**
   (a) Lo aprovechas para clarificar cuestiones que no se habían tratado.
   (b) Piensas en abandonar tu puesto si no se resuelve en breve.
   (c) Buscas alianzas para la nueva situación que emergerá tras la crisis.

5. **En todo periodo de inestabilidad, lo más inteligente es...**
   (a) Adaptarse al cambio.
   (b) Continuar igual, fiel a uno mismo, como si nada sucediera.
   (c) Quedarse quieto y esperar a ver por dónde soplan los vientos.

PUNTUACIÓN

Cada (**a**) suma 2 puntos y cada (**c**) 1 punto, mientras que la (**b**) no puntúa.

7 O MÁS PUNTOS
No temes a los conflictos y te enfrentas a las crisis con una actitud creativa. Guarda solo en tu equipaje vital un poco de prudencia.

DE 4 A 6 PUNTOS
Eres conservador, pero sabes salir de tu zona de comodidad cuando arrecia la tormenta.

MENOS DE 4 PUNTOS
Tu rigidez y excesiva prudencia juegan en desventaja tuya ante las turbulencias de la vida. Debes aprender a fluir con el cambio.

DECÁLOGO DE LA CRISIS

I. **No te acuestes sin haber aprendido algo nuevo.** Para progresar es necesario interiorizar la lección de las adversidades, ser flexible y evolucionar, aprender de todas las experiencias que pasan por nuestra vida, las positivas y las negativas.

II. **Encuentra sentido a tu vida.** Busca un por qué vivir, una meta. Analiza tu vida para estudiar tu trayectoria y entender cómo puedes dirigirte hacia algún lugar más allá de lo que eres ahora, asumiendo una misión que te haga sentir útil. Acuérdate del libro de Viktor Frankl: *El hombre en busca de sentido*.

III. **Evita el consumismo excesivo.** Solo en tu interior encontrarás lo que buscas. El fugaz placer que nos proporciona el consumo compulsivo de objetos —e incluso relaciones— es un intento vano de llenar un vacío existencial. *La sobriedad es una cierta elegancia ante el bombardeo consumista.*

IV. **Controla tus deseos...** si no quieres que los deseos te controlen a ti. Conocer nuestras verdaderas necesidades y prioridades es la mejor manera de no caer en una trampa cuyo fondo es la infelicidad. *Niega a menudo tus deseos y encontrarás lo que busca tu corazón.*

V. **Gestiona tu dinero con cabeza.** Toma conciencia de tus impulsos, busca recompensas alternativas, elabora un presupuesto límite y no compres bajo estrés, depresión o euforia.

VI. **Haz tu vida más sencilla.** Regálate una hora al día, treinta horas al mes, para reflexionar sobre qué es lo que complica tu existencia innecesariamente. A partir de aquí, simplifícala. Párate a pensar con serenidad: estos pequeños exámenes personales te ayudarán a crecer.

VII. **Introduce pequeños cambios para una gran transformación.** El *kaizen* dice que no se puede pasar un día sin incluir una pequeña mejora. Esto se logra optimizando la gestión de nuestra vida, detectando los errores, buscando la excelencia y desprendiéndonos de lo superfluo.

VIII. **Busca la calidad en todo lo que hagas.** No es tan importante lo que tenemos, sino la calidad de aquello que nos rodea: nuestras relaciones, proyectos, el tiempo del que disfrutamos, nuestros lazos y afectos. Ama el trabajo y trabaja con amor.

IX. **Reconoce los problemas.** Cualquier mal hábito puede desaprenderse y corregirse para llevar una vida mejor, pero para ello debemos hacer autoanálisis, reconocer que lo sufrimos y tomar medidas al respecto.

X. **Acepta a tus maestros cotidianos.** Cada persona que se cruza en nuestro camino, cada pequeño acontecimiento, llevan consigo valiosas lecciones vitales para ser mejores.

capítulo nueve

Diciembre. La cosecha de la sabiduría

La claridad es la cortesía del filósofo.
ORTEGA Y GASSET

Una de las confusiones más comunes en nuestro tiempo es que la gente no sabe distinguir entre lo simple y lo sencillo. *Una persona sencilla tiene la cabeza bien ordenada* y ese *amueblamiento* mental ayuda a que los grandes temas y las cosas complicadas se vuelvan posibles y cercanas.

Por otro lado, es fácil que lo simple acabe derivando en *simplón*, como cuando una persona resume en dos palabras y sin análisis un gran tema. La sencillez es la cortesía del filósofo, del intelectual, mientras que lo simple decae en una suerte negativa.

Einstein dijo en una ocasión que *todo debería ser hecho tan simple como sea posible pero no más simple que eso*. En este capítulo nos ocuparemos de los instrumentos que tenemos a nuestra disposición para hacernos la vida fácil y resolver problemas, tanto en comunidad como en soledad. Según lo ordenada que se encuentre la caja de herramientas, así será nuestra capacidad de diseñar nuestra vida, tanto en la forma como en el contenido.

Vamos a empezar clasificando la inteligencia en diferentes ámbitos del espectro humano.

¿Cuál es tu inteligencia?

Actualmente existen muchas herramientas que miden la inteligencia. Los psiquiatras hemos pasado de una psiquiatría descriptiva o cualitativa a una psiquiatría cuantitativa. La primera estaba inspirada en la psiquiatría alemana y francesa del siglo XIX. Destacaron en este campo Henry Ey o Karl Jaspers, dos grandes psicopatólogos que se dedicaron a describir las enfermedades psíquicas.

A partir de 1950, con la llegada de los psicólogos, la psiquiatría decide que los síntomas psíquicos se pueden medir, cuantificar. Ya no se habla de una *depresión grave*, sino que la definimos según la escala o el instrumento de medida de cada autor: «Este sujeto tiene una depresión en grado nueve, en una escala del uno al diez». Es decir, muy grave.

Los psiquiatras y psicólogos cuantificamos el miedo, la ansiedad, la angustia, la depresión, la melancolía, el riesgo de suicidio, etcétera, a través de escalas. En una prueba de medición, el paciente tiene que valorar del uno al tres una serie de afirmaciones del tipo: «Estoy triste y sin ganas de hacer nada», o bien «A veces tengo ganas de atentar contra mi vida». Esta clase de enunciados son instrumentos validados estadísticamente para medir la conducta humana y sus tendencias.

Las diez clases de inteligencia

Este concepto tan amplio que ha sido bautizado como inteligencia empezó a medirse en el siglo XIX. Para sintetizar las distintas modalidades, hay básicamente dos modelos de inteligencia: el *monárquico* y el *oligárquico*.

- El *modelo monárquico* dice que hay una inteligencia rey que es capital, lo que vendría a ser una inteligencia de las inteligencias, que dirige todo nuestro comportamiento.
- El *modelo oligárquico*, al que mi equipo y yo nos adscribimos, dice que *hay muchos tipos de inteligencia* y que unas y otras se llevan mal. Es difícil que una misma persona las tenga todas, pues no casan bien unas con otras.

Los test de inteligencia fundamentales son el de Raven, el test de matrices progresivas —con dibujos que se van complicando— y el test de Simon Benet, que también es muy operativo. En general, lo que hacen estas pruebas es captar una instantánea de la capacidad del individuo. El problema que tenemos hoy en día en nuestra ciencia es que conocemos muchos tipos de inteligencias:

- *Inteligencia teórica* es la capacidad para moverse en el terreno de las ideas. Es la inteligencia de los intelectuales. Generalmente está muy reñida con la siguiente categoría que veremos.
- *Inteligencia práctica* es la capacidad para resolver problemas de forma inmediata. Casa mal con la inteligencia teórica, pues el intelectual vive en el mundo del diccionario, del lenguaje, de la observación, mientras que la persona práctica lo que utiliza es la inmediatez de sus ideas.
- *Inteligencia social* es la capacidad para establecer un contacto de calidad con la gente, la facilidad para relacionarse.
- *Inteligencia analítica* es la capacidad de segmentar un

problema en sus distintas parcelas para poder abordarlo con más eficacia.

- *Inteligencia sintética* es aquella que tiene espíritu de síntesis, por ejemplo a la hora de resumir un tema hasta dar con la esencia de la cuestión.
- *Inteligencia discursiva* es la capacidad para moverse en el lenguaje, es decir, en la trasmisión del mensaje. Los grandes comunicadores saben expresarse con un lenguaje verbal arropado por el no verbal. Hay, por ejemplo, profesores de universidad que han escrito muy buenos libros, pero que apenas saben expresarse y acaban aburriendo a sus alumnos.
- *Inteligencia creativa* es la capacidad para dar forma a un mundo nuevo que tiene resonancias estéticas. En la música, por ejemplo, los grandes maestros para mí son Mozart y Beethoven; en pintura, Velázquez, Renoir, Dalí, Picasso, Miró... La inteligencia creativa sirve para crear un mundo en el que cambias la perspectiva.
- *Inteligencia emocional* es la etiqueta popularizada por Goleman en su libro del mismo título. Este psicólogo norteamericano se dio cuenta de que la inteligencia sin afectividad no es nada.
- *Inteligencia fenicia* es la capacidad para el comercio, el negocio.
- *Inteligencia instrumental* es la que usa el orden, la constancia, la motivación.

Estas diez inteligencias[1] que acabamos de resumir se en-

1. He dejado algunas en el tintero, entre otras, la que yo llamaría *inteligencia para la vida*: saber gestionar con arte y oficio, con trabajo duro y paciencia, con amor e ilusión, la propia trayectoria.

cuentran, en un grado mayor o menor, dentro de cada ser humano y dan lugar a nuestra riqueza psicológica.

Un caso práctico: nuevos hábitos contra la desidia

Llega a mi consulta un chico soltero de 38 años, afincado en la Mancha, que vive con sus padres. Es de temperamento débil, inseguro, tímido. Tiene poca confianza en sí mismo y desde muy pequeño ha ido a remolque de todo. Ha sido mal estudiante, ha ido cogiendo el hábito de no esforzarse. Se deja vencer por la pereza, y abandona siempre las cosas a causa de su desidia y dejadez.

Cuando me cuenta su vida, entiendo que este chico ha perdido los últimos diez años de forma dramática: trabajó con el padre en labores agrícolas y lo dejó; empezó una carrera universitaria y la interrumpió; estudió diseño y también lo abandonó... Él mismo, al hacer conmigo el análisis de su vida, se da cuenta de cómo ha perdido el tiempo y rompe a llorar.

Al empezar el tratamiento, hace año y medio, se había enamorado como un adolescente de una chica separada de 40 años con dos hijos. La conocía de la tienda donde iba a hacer fotocopias. Ella era una mujer con mucha personalidad, lo que provocó que se estableciera entre ellos una relación casi de madre-hijo. Debido a su gran inmadurez en todos los sentidos, para él este enamoramiento llegó a ser obsesivo, pues al no tener trabajo ni actividad, estaba pensando en ella todo el día. En alguna ocasión le había llegado a mandar 30 sms al día, uno detrás de otro. A medida que pasaban las semanas, ella se fue dando cuenta de que él no era un hombre que la hiciera sentirse segura. Al contrario, puesto que, además de que no tenía trabajo, se había convertido para ella casi en un tercer hijo. Es entonces cuando decidió dejarlo.

El paciente llega a la consulta totalmente hundido. Tiene una reacción depresiva subsiguiente a la ruptura de esta relación, que él ha idealizado al carecer de experiencia afectiva. Hablamos y me doy cuenta además de que pierde los días. Padece una inversión del sueño: se acuesta diariamente a las siete de la madrugada y se levanta a las tres de la tarde.

Empezamos a establecer medidas para que recupere los buenos hábitos:

- Le hago ver que tiene un trastorno de la personalidad con un plus de ansiedad[2]. A continuación, le pregunto qué le gustaría hacer y me contesta que le encanta la fotografía. Conseguimos así que se apunte a un cursillo.
- Vamos introduciendo inteligencia instrumental: *orden*, *constancia*, *motivación* y *voluntad*. Para que gane en orden, pactamos que se acueste antes para poder aprovechar la mañana. Esto le está costando, pues tiene adicción a la televisión y a los juegos por internet.
- Le propongo que empiece a estudiar libros muy sencillos durante media hora al día.
- Le recomiendo que, en esta primera fase, no busque pareja, pues es tan inmaduro que en el momento en que una chica le haga caso se enamorará. Además, en la escuela de fotografía todos los alumnos son mucho más jóvenes que él.

---

2. Los desajustes de la personalidad se suelen asociar con ansiedad, manifestaciones depresivas y una cierta tendencia a perder el control.

Un problema a la hora de estudiar es que no tiene interiorizados hábitos como tomar apuntes en clase, tener cuadernos para las diferentes asignaturas, escuchar atentamente en clase, etcétera. Acaban de darle las notas y de ocho asignaturas ha suspendido siete. Está muy abatido, pues es la primera vez que se había tomado *en serio* lo de estudiar. Esto hace que le haga una recomendación adicional:

- Aplicarse seriamente a hacer ejercicios de voluntad: levantarse cuando suena el despertador, tomar apuntes, estudiar todos los días, etcétera.
- Una persona de su entorno lo vigila para que no se entretenga cada dos por tres con tonterías, le ayuda a cimentar esa voluntad e incorporar los nuevos hábitos.

Actualmente ha tomado conciencia de su abandono y ha empezado a levantarse para cumplir con sus obligaciones. Progresa adecuadamente y, sin duda, logrará mejorar su situación.

Inteligencia de la vida cotidiana

Se puede ser inteligente en muchos aspectos, pero resulta esencial encarar el día a día con sabiduría. En este sentido, la inteligencia práctica es tal vez la más importante para una vida serena y libre de conflictos innecesarios.

Cada persona afronta la realidad según sus herramientas psicológicas. Aquellos que operan con un pensamiento rígido y arcaico lo hacen a través del pasado. En cambio, los que disponen de un pensamiento flexible y dinámico lo hacen a través del presente.

Es nuestro modo de concebir las cosas el que puede mostrarnos unas posibilidades u otras, como dijo Norman Vincent Peale: «Cambia tu forma de pensar y cambiarás tu mundo».

Esta clase de inteligencia flexible y a la vez práctica es una combinación de todas las demás, orientada a la solución de los problemas de la vida cotidiana. Quienes la poseen son capaces de aprender de sus errores y de adaptarse con facilidad a los cambios, porque analizan toda la información a su alcance, no dan nada por seguro y valoran todas las ideas originales como iguales. Es una forma de pensamiento que evoluciona con el tiempo y las experiencias.

Según el ensayista Karl Albrecht esta clase de inteligencia nos dota con «la habilidad mental para afrontar los desafíos y oportunidades de la vida» y nos hace el día a día más fácil. Las personas que tienen desarrollada esta inteligencia trabajan con humildad y perseverancia en metas fijas, aunque lo hacen lentamente, fijándose siempre en dónde apoyan los pies, aprendiendo del camino.

Aquellos que poseen inteligencia práctica se dan cuenta de que no es solo su mente la que piensa, sino que todo su cuerpo es el que se expresa. Por ello cuando paseamos o estamos en actividad nos volvemos creativos.

La inteligencia práctica es el sentido común que nos dice qué debemos hacer en cada situación y nos advierte cuando algo no parece ir bien. Afilar nuestros sentidos, olvidarnos de prejuicios y aprender de la sabiduría que nos rodea es la manera más sana y sabia de ayudarnos a crecer y encarar la vida de forma flexible y resistente.

La prueba de la soledad

La soledad[3] es el verdadero campo de pruebas en el que se expresan las diferentes inteligencias. Quien no sabe estar solo difícilmente será un buen compañero de camino. ¿Por qué nos da tanto miedo la soledad?

Blaise Pascal aseguraba que *todas las desdichas del ser humano radican en la incapacidad de sentarse solo en una habitación*. La socialización es una armadura bajo la que nos podemos ocultar, pero es en los momentos de soledad cuando una persona pone a prueba la caja de herramientas de la que estamos hablando en este capítulo.

La sola idea de la soledad abruma a muchas personas que, incapaces de resistir el impacto de la propia desnudez ante el espejo, no llegan a descubrir un espacio profundamente creativo que ha sido llenado por grandes escritores, músicos, poetas, artistas y pensadores con nuevos significados.

La soledad no debería asustarnos, ya que aspira a convertirse en nuestra amiga y guía. Es un espacio que nos ayuda a escucharnos a nosotros mismos, a comprender y superar el pasado, así como a proyectar el futuro. Estos momentos de recogimiento y reflexión no están reñidos con la vida en común con nuestros seres queridos. Al contrario, hay que entenderlos como un regalo que nos llena de energía y nos ofrece la posibilidad de ser autónomos.

Un oasis de sabiduría cotidiana

Así como desaconsejo a los pacientes que se ven presos de pensamientos negativos la ecuación *soledad + tiempo*, para lograr un

3. Saber estar solo es un signo de madurez.

dominio completo de uno mismo es importante saber gestionar estos oasis que nos sirven para entender lo que hacemos y hacia dónde nos dirigimos. En nuestro hogar es necesario encontrar un rincón de paz, un momento al día en el que podamos estar solos y disfrutar de nuestra propia compañía, quizá, si nos apetece, acompañados de música o lectura, o sencillamente en silencio.

Hoy en día mucha gente se siente terriblemente sola, sin importar dónde se encuentre o cuántas personas haya a su alrededor. Esto es fruto de que no sabemos diferenciar la soledad física de la emocional. Un intelectual puede estar aislado y sentirse acompañado, del mismo modo que el amante que se sabe correspondido siente a su lado la calidez de la persona amada, aunque no esté presente. En cambio, alguien puede estar rodeado de gente, pero si no siente ningún vínculo afectivo, se sentirá completamente solo.

El filósofo y teólogo Francesc Torralba publicó un libro titulado *El arte de saber estar solo* en el que hablaba de los beneficios de aprender a estar con uno mismo. *La soledad nos da miedo porque nos hace pensar en nuestra vida y proyectos*, pero no podemos ceder a este temor, porque, tras analizar nuestros puntos débiles, también seremos capaces de encontrar nuestros propios recursos.

Hemos olvidado cómo pasear sin motivo, disfrutar del paisaje sin una meta fija, sin prisa[4]. Lo planificamos todo y no nos dejamos sorprender por lo que nos rodea. Una personalidad singular y propia disfruta de la soledad, lee, escucha música, pasea, escribe o dibuja, no necesita estímulos externos que la mantengan entretenida.

4. La prisa es una enfermedad de nuestro tiempo. Querer llegar a demasiadas cosas produce ansiedad. Aprender a renunciar es un síntoma de sabiduría.

Un espacio de soledad no solo nos ayuda emocional, espiritual y psicológicamente, sino que también tiene un efecto positivo en el tono vital del organismo, lo cual desde un punto de vista médico se traduce así:

- Ralentización del pulso.
- Menor ritmo de respiraciones.
- Descenso de la presión arterial.
- Caída del estrés.
- Sentimiento de equilibrio interno.
- Estimulación de nuestra actividad cerebral.
- Fortalecimiento de nuestro sistema inmunitario.
- Relajación de la tensión muscular.

La infoxicación: peligro de colapso

En 1996 el psicólogo David Lewis dijo: *Knowledge is power, but information is not* («El conocimiento es poder, pero la información no lo es»). De este modo, puso sobre la palestra una problemática que Alfons Cornella bautizaría como *infoxicación*. Este consultor en innovación explicaba el problema que el exceso de información causaría en la población, y cómo este iría en aumento con el tiempo (incluso las mejoras tecnológicas lo empeorarían).

La infoxicación se refiere al exceso de información. Cuando los estímulos nos llegan en tal cantidad que no podemos procesarlos, esta situación puede desatar ansiedad. Cornella expuso el término ya antes de la eclosión de Google y el *spam*, cuando solo estaban en funcionamiento los e-mails y los foros de internet, pero ya se veía en el horizonte lo que se avecinaba y la necesidad de aprender a organizar la información adecuadamente.

Angustia ante la avalancha de información

Se ha convertido en un problema social y cultural. Y lo peor es que la angustia psicológica que provoca el exceso de información no se reducirá con las nuevas tecnologías, sino con un análisis de nuestras prioridades y una gestión inteligente de las propias capacidades.

Existen varias razones por las que acabamos *infoxicados*:

- Recibimos información que no hemos solicitado.
- Buscamos información para comprobar la que ya tenemos, para demostrar y justificar nuestras decisiones, por si pudiera ser útil en el futuro.
- Queremos conseguir toda la información sobre un tema para utilizarla como moneda de cambio.

Cada vez obtenemos más ancho de banda y con él la información que recibimos cada vez es mayor, pero al mismo tiempo nuestra capacidad de atención disminuye porque hemos de estar contemplando todo un mundo de sonidos, imágenes, letras... que pasan ante nosotros. Es necesario reducir el ruido, porque igual que los sonidos sin ton ni son se transforman en contaminación acústica, así ocurre con la información que no es esencial para nuestro día a día.

Soluciones contra la infoxicación

Cornella explica que para la serenidad mental que precisa la productividad, tanto en el trabajo como en la vida personal, es necesario que aprendamos a manejar el exceso de información, y para ello *tenemos que tener muy claro cuál es nuestra información crítica, aquello de lo que es absolutamente necesario que estemos informados.*

Saber hacernos preguntas es la clave de todo progreso, y por ello debemos pensar: *¿qué nos interesa?, ¿qué es prioritario en nuestra vida?*

A la hora de buscar información, hay que distinguir entre

- Aquella que nos interesa y forma parte de lo que buscamos.
- Aquella que no nos interesa y que equivale de un modo u otro a *spam*.
- Aquella que podría interesarnos, pero que tampoco debe capturar nuestra atención ahora, ya que si alguna vez la necesitamos podremos buscarla.

Debemos centrarnos en mejorar nuestra capacidad de atención, no dispersando[5] nuestros sentidos en varias cosas a la vez. Si nos atenemos a la información esencial y utilizamos bien las herramientas que tenemos a nuestro alcance, dejaremos de padecer estrés por infoxicación.

Por último, debemos recordar que las personas son valiosas bases de datos. No todo se acaba en Google. De hecho, las cosas más relevantes de la vida no se encuentran con el algoritmo de un buscador, sino con inteligencia emocional, que nos *conecta* con las personas de nuestro entorno que constituyen nuestra red afectiva.

5. Hoy un factor de estrés diario es el móvil. Pocos saben administrarlo de forma inteligente. Su distorsión puede llevar a que cualquier conversación sea fragmentada y discontinua.

EJERCICIO PRÁCTICO: INTELIGENCIA EMOCIONAL COTIDIANA

Para trabajar la inteligencia emocional, un ejercicio sencillo y a la vez muy útil y efectivo es potenciar el lenguaje verbal y el no verbal. Esto puede traducirse a los siguientes hábitos cotidianos:

- Comunicar a la persona con la que vives o a las cercanas que las quieres, que las necesitas. Expresar lo que sentimos es un pilar de la inteligencia emocional.
- Aprender a dar las gracias y decir «por favor».
- Sonreír, poner buena cara.
- Saber mostrar desacuerdo con delicadeza (a los sujetos con poca personalidad les cuesta mucho decir que no por temor a caer mal).
- Disfrutar de las cosas pequeñas de la vida: una conversación, un atardecer, una película, un libro...

En la inteligencia emocional, la biblioterapia es muy importante. Un libro sencillo y claro en cuyas páginas, por ejemplo, el hombre pueda ver plasmada la idea de que expresarse es también una cosa masculina, contrarrestando la expresión de *los hombres no lloran*.

EL PEQUEÑO TEST DE INTELIGENCIA EMOCIONAL

1. **Las personas que no nos prestan atención…**
   (a) Están ocupadas en sus cosas y no hay que darle más importancia al asunto.
   (b) Tienen otros intereses que no coinciden con los nuestros.
   (c) Han decidido intencionadamente ignorarnos.

2. **Mi actitud al escuchar a alguien es…**
   (a) Prestar atención, aunque no me interese especialmente lo que cuenta.
   (b) Juzgar qué pretende con lo que me está diciendo.
   (c) Desconectar a menudo para pensar en mis cosas.

3. **Soy consciente de mis propios sentimientos…**
   (a) Siempre que quiero prestar atención.
   (b) En ciertos momentos del día, cuando hay calma suficiente.
   (c) Solo cuando son extremos; por ejemplo, al llorar de desesperación o gritar de rabia.

4. **Ante una explosión de ira de un compañero de trabajo…**
   (a) Espero a que baje la intensidad de las emociones para dialogar con la persona.
   (b) Me pregunto si he hecho algo incorrecto que haya podido encenderle.
   (c) Pienso que está mal de la cabeza.

5. **Amar con inteligencia emocional es…**
   (a) Entender las emociones de mi pareja, así como las mías propias.
   (b) Hacer todo lo posible para no herir al otro.
   (c) Practicar el sexo a menudo.

PUNTUACIÓN

Cada (**a**) suma 2 puntos y cada (**b**) 1 punto, mientras que la (**c**) no puntúa.

7 O MÁS PUNTOS
Tu coeficiente de IE (inteligencia emocional) es muy alto. Sabes sacar partido de las relaciones con los demás y puedes ejercer de líder si te lo propones.

DE 4 A 6 PUNTOS
Tu IE tiene capacidad de mejora. En esencia, debes aprender a reconocer tus propias emociones y las de los demás.

MENOS DE 4 PUNTOS
Deberías engrasar tu IE para que las fricciones con tu entorno dejen de suponer un desgaste de energía que podrías utilizar para otros fines.

DECÁLOGO DE LA SABIDURÍA

I. **Sé sencillo, no simple** Tendemos a confundir ambos términos, pero *sencillo* es aquel con la cabeza bien ordenada que hace que las cosas sean más fáciles, mientras que el *simple* es quien pretende reducir un tema complicado a dos palabras.

II. **Trabaja la inteligencia práctica.** Es la que nos permite afrontar los pequeños y grandes problemas del día a día, una llave que abre la puerta a soluciones imaginativas y adaptadas a cada situación.

III. **Implanta buenos hábitos en tu vida.** Son la clave del éxito y de la felicidad. Estudiar nuestro comportamiento y mejorar en aquellos aspectos en los que cojeamos nos ayuda a dejar atrás viejos problemas para abrir nuevos horizontes.

IV. **Disfruta de la soledad y encuéntrate a ti mismo.** Con mesura y en las circunstancias adecuadas, estar solos con nosotros mismos es una oportunidad para el crecimiento interior y la creatividad.

V. **Busca los remedios en tu espacio interior.** Un poco de introspección cada día ayuda a entender hacia dónde nos dirigimos y cómo podemos mejorar nuestras relaciones afectivas. La soledad no está reñida con la familia y los amigos.

VI. **Filtra la información que te interesa.** En la actualidad nos vemos tan sobrecargados por la cantidad de estímulos que corremos el riesgo de no poder procesarla. Aprender con entrenamiento a echar fuera de tu mente pensamientos parásitos negativos.

VII. **Ocúpate de lo importante antes de lo urgente.** Si analizamos qué es lo que realmente necesitamos y nos interesa, sabremos fijar nuestras prioridades y no perderemos el tiempo en la trampa de lo inmediato.

VIII. **Mejora tu capacidad de atención.** El secreto es centrarnos en una sola tarea en cada momento. Dispersarnos en muchas microtareas simultáneas produce fatiga, eleva la ansiedad y reduce la productividad y la eficacia.

IX. **Expresa tus emociones abiertamente.** Demuestra lo que sientes, aprende a dar las gracias y a pedir lo que necesitas. Escucha sin filtros y explícate. Practica una comunicación sana y enriquecedora. Pero no olvides que pueden convivir la prudencia con la audacia.

X. **Practica la biblioterapia.** Leer libros con historias inspiradoras y experiencias vitales que entrañen valores esenciales estimula nuestra comprensión, empatía y capacidad de superación. Pocos libros, buenos y bien seleccionados.

CUARTA PARTE

INVIERNO. FANTASMAS Y MIEDOS

capítulo diez

Enero. Liberarnos del peso del pasado

Cada persona alberga el pasado en su interior como las hojas de un libro que se sabe de memoria, pero del cual sus amigos solo pueden leer el título.

VIRGINIA WOOLF

Muchas personas viven su día a día a través del filtro de la *tristeza*, que es un sentimiento negativo presidido por la melancolía. Los especialistas hablamos de dos tipos de tristeza:

- La ocasionada por un evento concreto: *tristeza reactiva.*
- La que es inmotivada: *tristeza depresiva.*

Una segunda emoción negativa es el miedo —por ejemplo, temor a volar, a expresarse en público—, que puede ser fundado o infundado.

En tercer lugar tenemos la *ansiedad*, que se presenta en forma de dos manifestaciones básicas:

- La ansiedad propiamente dicha es un *miedo anticipato-*

rio, que nos hace vivir el presente empapado de un futuro incierto.
- El *estrés*, que es la versión actualizada de la ansiedad, cuando el ritmo trepidante de la vida no nos deja tiempo para nada.

Aunque son muy distintas, estas tres emociones[1] suelen estar muy próximas. La diferencia entre la tristeza y la depresión es que la primera es un sentimiento negativo como consecuencia de algún hecho desagradable que nos ha sucedido, un infortunio. La tristeza nos hace crecer como personas y nos mejora, pues es la *lucidez del perdedor*. El que ha perdido una batalla se ilumina, ya que lo que nos hace crecer son las derrotas bien asumidas, mientras que *la depresión es el sida de las emociones*, un embotamiento anímico que nos hace bajar de nivel. *La tristeza es lúcida; la depresión es una enfermedad.*

Fobias y traumas

Los miedos pueden convertirse en fobias, que son miedos de gran intensidad que dan lugar a dos reacciones: *evitar o aplazar el objeto fóbico*. Cuando tengo miedo a algo y lo evito, estoy reforzando la fobia. Mediante mecanismos psicológicos

1. Mi primer libro, que se titula *Estudio sobre el suicidio*, fue mi tesis doctoral ampliada con un prólogo de López Ibor, en aquel momento uno de los padres de la psiquiatría española, y con epílogo de Juan Obiols, catedrático de la Universidad de Barcelona. La colección de Salvat en la que apareció era la más importante de medicina en su época. Inmediatamente después de este, publiqué otro que recibió el Premio Conde de Cartagena de Medicina. Se trata de un libro muy académico en el que hablo precisamente de la tristeza, el miedo y la ansiedad.

evitamos enfrentarnos al miedo con afirmaciones escapistas como «No es el momento», «Ahora no me viene bien», «El viaje no era tan importante», etcétera.

Hoy en día sabemos que todas estas reacciones son vencibles con una buena terapia y con el paso del tiempo, que es quien cura todas las heridas.

La primera arma para desactivar una fobia es utilizar la cabeza, ser muy cartesiano. *Hay que indagar a qué se tiene miedo y por qué*. Muchas veces los miedos aparecen motivados por complejos o sentimientos de inferioridad que dan lugar a una conducta negativa. El primero en hablar de sentimiento de inferioridad fue Alfred Adler, discípulo de Freud, que lo definió como *un sentimiento de minusvalía que viene del hecho de compararse con los demás*.

Los traumas: heridas del pasado

En capítulos anteriores hablamos de microtraumas y macrotraumas, pero antes de seguir analizando las emociones negativas, vamos a hacer un poco de historia sobre este concepto tan utilizado en la psicoterapia.

En un principio, el término *trauma* se restringía a un daño que se puede causar al sistema nervioso, pero más adelante Pierre Janet lo extendería hacia la psicología, como *una herida que afecta también al comportamiento y emociones del sujeto*. El neurólogo Jean-Martin Charcot incluyó los aspectos emocionales en el principio del trauma, y más tarde daría con el concepto que hoy en día conocemos como *inconsciente*. Más tarde, Josef Breuer, con el caso de Anna O, descubriría que *en ciertas ocasiones revivir el incidente podía llegar a aliviar los síntomas*.

Pero fue Sigmund Freud quien estudió más profundamente el concepto de trauma y analizó qué ocurría en el interior del individuo para que pudiera afectarle de aquel modo. El padre del psicoanálisis descubrió que no solo era necesario un incidente emocionalmente fuerte, sino que también tienen que darse emociones encontradas de la misma potencia.

Aunque tenga su origen en un suceso externo, *el trauma es un conflicto interno que no podemos aceptar*. Se produce en una dialéctica entre distintos aspectos de nuestra propia personalidad.

Una mirada actual

Hoy en día, se define el trauma como un suceso de fuerte impacto que produce síntomas negativos en las emociones y en la conducta del individuo. Los eventos traumáticos merman la autoconfianza y la seguridad del individuo, y lo hacen sentir vulnerable hacia el entorno y quienes lo rodean.

Según el DSM-IV[2], el libro internacional de psiquiatría que recoge el diagnóstico de trastornos mentales, los síntomas que puede presentar alguien que ha sufrido un trauma se pueden dividir en tres grupos:

1) Reexperimentación del evento, que se puede dar en forma de *flashbacks* —sentimientos o sensaciones—, pesadillas o reacciones físicas desproporcionadas ante sucesos relacionados con el hecho traumático.

2. Hoy tenemos el llamado DSM-IV-TR (texto reformado) y está preparándose el DSM-V, que resume y actualiza todas las enfermedades psíquicas.

2) Incremento de la activación cerebral, que puede darse como insomnio o hipervigilancia, problemas de concentración o irritabilidad, impulsividad y agresividad.
3) Evitación y bloqueo emocional, que se reconocen en la huida y el rechazo a situaciones, pensamientos o conversaciones..., pérdida de interés, o aislamiento social.

Cómo superar un trauma

Aunque la edad no es concluyente a la hora de sufrir un trauma, los más vulnerables son los niños y los adolescentes, porque su personalidad aún no está definida y tienen menos instrumentos para hacer frente a los acontecimientos negativos.

Lawrence G. Calhoun y Richard Tedeschi descubrieron en uno de sus estudios que algunos individuos que habían sufrido fuertes traumas podían superarlos y mejorar su vida de forma asombrosa. Tal milagro ocurre cuando *los individuos afrontan el trauma y tratan de adaptarse, pese a lo que les haya ocurrido*. Estamos hablando del proceso al que Boris Cyrulnik se refería como *resiliencia*.

El camino a la curación es duro, pero en absoluto imposible. Consta de dos fases:

1) El primer paso es reconocer que el estrés y los síntomas que sufrimos son debidos a un trauma, sepamos o no la causa.
2) El siguiente es buscar ayuda. Es necesario tener una actitud positiva y abierta; estar predispuesto a afrontar lo que nos ocurrió, porque así podremos superarlo y continuar con nuestra vida de forma saludable y feliz.

Los malos recuerdos nos dejan heridas sin cicatrizar que muchas veces tratamos de olvidar aunque no lo logremos. A veces lo que nos ocurrió fue tan traumático que no lo recordamos, pero aun así nos persigue y nos hace daño inconscientemente, afectando a nuestra conducta. Hay que asumir el pasado.

Si no queremos que nos afecte toda la vida, debemos *afrontarlo con ayuda de un especialista y el apoyo de la familia y amigos de confianza*. En el proceso terapéutico, es esencial *superar los sentimientos de culpa* y *modificar las conductas que están ahogando nuestra vida*.

Un trauma puede tener su origen en algo que vimos u oímos, en algo que nos sucedió y nos marcó en la niñez o en la adolescencia, o bien en algo que de adultos no fuimos capaces de digerir. En cualquier caso, tras ser capaces de reconocer que ocurrió, podemos enfrentarnos a nuestros fantasmas y retomar el timón de nuestra vida, como hicieron los supervivientes de los campos de concentración que estudiaron Calhoun y Tedeschi en su investigación.

Un caso práctico: la losa del pasado

Recibo a una chica de 28 años que estudia Bellas Artes. Es soltera y ha tenido muy mala relación con sus padres. El padre ha sido siempre muy agresivo a la hora de hablar. La madre ha sido dura con ella y le ha dicho a menudo cosas negativas. Entre los dos han conseguido hacer de ella una chica muy negativa, poco ordenada, mala estudiante y con poca capacidad para autodirigirse. Tiene resentimiento[3] hacia ellos.

---

3. Este término apareció ya en el siglo XII y, según el diccionario de Corominas, hace referencia a un sentimiento negativo que se repite y se define porque el sujeto

Una de las cosas que hacemos los psiquiatras es intentar que el paciente sea capaz de superar las heridas, pues si no lo hace se transforma en agresividad latente y descontrol en la propia vida.

Buena parte de la salud mental es proyectarse hacia delante. Por eso mismo, con esta paciente aplicamos un tratamiento en dos fases:

1) Reactivamos a la persona para que supere el recuerdo negativo y no se convierta en una persona amargada y dolida.
2) El segundo ejercicio es diseñar un proyecto de vida o plan de futuro que aporte motivación y sentido a la vida del sujeto.

Logoterapia para superar el pasado

El dolor, la pérdida y la tragedia nos pueden desposeer de nuestras propiedades materiales y de nuestro éxito social, pero tras todo eso quedamos nosotros mismos, nuestro ser, y como descubrió y trató de enseñarnos Viktor Frankl tras sobrevivir al Holocausto, gracias a este mismo sufrimiento podemos encontrar nuestro sentido.

En una de sus frases más célebres aseguró: «Al hombre se le puede arrebatar todo salvo una cosa: la última de las libertades humanas, la elección de la actitud personal ante un conjunto de circunstancias».

Viktor Frankl nació en Viena en 1905 y, tras el estallido

---

se siente dolido y no olvida. Este sentimiento da lugar a que los hechos negativos entren y salgan de la mente una y otra vez, lo que provoca reacciones de revancha; es decir, la necesidad de que el daño tenga una reparación en el futuro.

de la Segunda Guerra Mundial, fue deportado junto con sus padres a un campo de concentración en Praga en 1942. Hasta 1945 no se vio libre de aquel infierno en el que vio perecer a su familia y a cientos de hombres y mujeres sin esperanza.

Tras vivir un drama humano de proporciones dantescas, el neuropsiquiatra creó la que sería conocida como la *tercera escuela de psicoterapia vienesa*, la *logoterapia*, que empezó a desarrollar en los mismos campos de concentración, donde comprobó que los deportados que tenían *un motivo para vivir* resistían más que el resto.

La búsqueda de sentido

El término *logoterapia* está formado por la palabra griega *logos*, que significa «sentido» (palabra, espíritu, significado) y «sanación». Es decir, consiste en la sanación a través del sentido (de la vida).

Así como el psicoanálisis escarba en el pasado y en las motivaciones ocultas, la logoterapia nos invita a la búsqueda y a *la lucha interna entre el ser que se es y el que se desea ser*. Cuando un ser humano descubre su sentido, encuentra una misión en su vida que la hace valiosa; solo con eso ya está sanando las heridas del pasado, ya que en este proceso terapéutico se reinventa y crece.

La logoterapia es un reencuentro con nuestras propias posibilidades. Frankl trabajaba con sus pacientes utilizando estas técnicas:

- *Intención paradójica*. El individuo debe afrontar sus miedos para hacerlos desaparecer.

- *Derreflexión.* Hay que estimular a la persona para que deje a un lado su trauma y se fije en cosas más importantes.
- *Autodistanciamiento.* El individuo se reconoce y se separa de la situación para verla de forma objetiva y solucionarla.
- *Modificación de actitudes.* Al cambiar su conducta, el paciente obtiene resultados diferentes.
- *Mayéutica* o diálogo socrático. Son cuestionamientos que el psicoterapeuta plantea al paciente para que descubra por sí mismo lo que es importante en su vida.

Además de los anteriores, el *psicodrama* es también importante a la hora de enfocar los nuevos objetivos en la vida de la persona. A través de una dramatización, el paciente siente como si su vida fuera a terminar en ese preciso momento y se plantea qué habría hecho de tener una segunda oportunidad. De este modo, al obtenerla, pone en práctica estos cambios.

Una cura para la neurosis existencial

Frankl apoyaba la búsqueda del *sentido de la vida*, frente a la tradicional *pulsión* de Freud o la *voluntad de poder* de Adler. El problema radica en cuando dedicamos mucho esfuerzo a tareas que nos resultan frustrantes y que no nos aportan sentido. Es entonces cuando desarrollamos la llamada *neurosis noogénica* o neurosis existencial.

Todos buscamos el sentido de nuestra vida, así que cuando aparece el vacío necesitamos correr para llenarlo de algún modo. El signo más claro es el aburrimiento: hay gente que por fin dispone de tiempo, pero que lo desperdicia en cualquier cosa inútil. Llenamos nuestro tiempo con lo que sea, con cualquier entretenimiento que nos produzca satisfacción, aunque no nos aporte nada más. Muchos individuos disponen de una libertad con la que podrían llevar a cabo sus más altos deseos, pero no hacen uso de ella.

Entre los círculos viciosos neuróticos que podemos encontrar en el vacío existencial están:

- *Ansiedad anticipatoria*: personas que tienen tanto miedo a sufrir ciertos síntomas que los padecen de forma inevitable; por ejemplo, el miedo a los exámenes y quedarse en blanco.
- *Hiperintención*: cuando uno se esfuerza demasiado y por ello no logra las cosas; por ejemplo, tienes insomnio y luchas por dormir, así que no lo logras; en lugar de eso, es mejor hacer cosas hasta caer rendido.
- *Hiperreflexión*: hace referencia a pensar demasiado, cuando esperamos que suceda algo y ocurre porque el hecho está ligado a nuestras actitudes; en psicología este fenómeno recibe el nombre de *profecía de autocumplimiento*.

Existen tres tipos de valores que pueden ayudarnos a llenar ese vacío y encontrar sentido a nuestra existencia:

1) *Valores experienciales*, es decir, vivenciar algo que valoramos, como por ejemplo una obra de arte, o bien experimentar el valor de otra persona.
2) *Valores creativos*, lo cual significa llevar a cabo un acto que nos provea de sentido en un proyecto propio; por

ejemplo, por el beneficio que supondrá para las generaciones futuras.

3) *Valores actitudinales*, es decir, practicar la valentía, la compasión, el buen humor... valorando lo que tenemos y experimentamos, aprendiendo de todo aquello que nos ocurre y que afrontamos con un carácter positivo y fuerte.

Todo este proceso terapéutico[4] conduce al final al *suprasentido*, el sentido último de la vida. En el ser humano existe de forma natural la espiritualidad, y la cura de muchos traumas está en reconocer y aceptar esta condición. Nuestro último sentido está en la trascendencia.

4. La psiquiatría y la cirugía plástica o estética han sido de las ramas que más han crecido en los últimos años.

La psiquiatría es la parcela más humana de la medicina. Para mí es una rama de la amistad.

EJERCICIO PRÁCTICO: SEIS MANERAS DE SOLTAR EL PASADO

Estas seis claves son antídotos eficaces para liberarnos de los fantasmas del pasado y empezar a vivir con intensidad el momento presente:

- **Perdonar a los demás.** Archivar cualquier rencor o resentimiento hacia las personas que nos han dañado es el primer paso necesario para deshacerse del fantasma del pasado. Es mucho más saludable disculpar los malos actos y pasar página.
- **Perdonarse a uno mismo.** Es inútil disculpar los errores de los demás si no se tiene la misma generosidad para con uno mismo. Debemos asumir que aquello que hicimos mal ya no puede rehacerse. La única reparación es hacerlo mejor, tras las lecciones aprendidas, a partir de ahora mismo.
- **Actuar con sentido.** Como recomienda la logoterapia, el mejor antídoto contra un pasado traumático es participar positivamente de la construcción del presente, ya que la huella positiva borrará el rastro de la negativa. Un ser humano entregado completamente a la acción deja de languidecer en las sombras del pasado.
- **Mirar hacia afuera.** Un pasado que siempre regresa puede significar que nos estamos mirando demasiado el ombligo. Para salvar la trampa de la autocompasión, debemos desplazar la mirada de nuestro interior hacia la vida de otras personas a las que podemos ser útiles.
- **Relativizar.** Darnos cuenta de que muchas otras personas sufren y han pasado por episodios parecidos o peores que los nuestros, y los han superado, es un motor para nuestra resiliencia. No estamos solos en el sufrimiento.
- **Empezar de cero.** Cuando nuestro pasado ha quedado destruido por un hecho muy traumático —la muerte de un ser querido, una invalidez, pasar por un divorcio o un despido—, hay que replantear la vida de nuevo estableciendo nuevos objetivos.

EL PEQUEÑO TEST DE LA ADICCIÓN AL PASADO

1. **Las peores experiencias de mi vida...**
   (a) Han hecho de mí lo que soy ahora, con todo lo bueno y lo malo.
   (b) Me han servido para valorar las vivencias positivas.
   (c) Supusieron un nuevo punto de partida para mi trayectoria vital.

2. **Tu actitud hacia alguien que ha actuado deliberadamente mal contigo es...**
   (a) No perdonar ni olvidar.
   (b) Perdonar, pero no olvidar.
   (c) Perdonar y olvidar.

3. **El pasado sirve sobre todo para...**
   (a) Amargarnos, ya que guarda más heridas que satisfacciones.
   (b) Dejarlo donde está y no mirar atrás.
   (c) Conocer de dónde venimos y adquirir experiencia.

4. **Mis recuerdos ocupan en mi mente...**
   (a) Más espacio que los proyectos de futuro.
   (b) El mismo espacio que el futuro, pero vivo en el presente.
   (c) Una parte pequeña.

5. **Si volviera a nacer...**
   (a) Habría muchos errores que no cometería.
   (b) Probablemente repetiría los mismos errores.
   (c) Sería una persona distinta, no me serviría la experiencia de esta vida.

PUNTUACIÓN

Cada (**c**) suma 2 puntos y cada (**a**) 1 punto, mientras que la (**b**) no puntúa.

7 O MÁS PUNTOS

Estás libre del peso del pasado, lo cual no debe significar que reniegues de tu propia trayectoria vital. Prácticamente todo lo que nos sucede tiene algo que enseñarnos.

DE 4 A 6 PUNTOS

Mantienes a raya el pasado, pero a veces vuelve de forma dolorosa y no te permite disfrutar plenamente del presente. El antídoto de ese virus se llama: *ahora*.

MENOS DE 4 PUNTOS

Tienes adicción al pasado y necesitarías cambiar la dirección de tu pensamiento. Descubrir tu misión te permitirá centrarte en tareas útiles en el presente para proyectarte con ilusión al futuro.

DECÁLOGO DEL PASADO

I. **No te ancles a la tristeza.** Existen dos clases de tristeza: la *reactiva*, producida por una experiencia que debemos superar, y la *depresiva*, que requiere atención de un especialista.

II. **Afronta tus miedos para vencerlos.** Si huimos de nuestros temores, los reforzaremos hasta convertirlos en fobias. Exponernos progresivamente a aquello que tememos es la clave para superarlos.

III. **Compensa los traumas con experiencias positivas.** Los traumas son sucesos de fuerte impacto emocional que producen síntomas negativos y reducen nuestra confianza. Si los afrontamos y sustituimos las huellas negativas por otras positivas, regeneraremos los tejidos de la ilusión.

IV. **Recupera tu vida en clave de presente y futuro.** Para continuar con tu vida sin rencor hacia el pasado, es necesario dirigir la mirada existencial hacia delante, desde ahora hacia el porvenir. Solo así recobrarás el control de tu vida.

V. **Busca tu misión.** La logoterapia nos enseña que tener una meta nos da esperanza y dirección, incluso en los peores momentos, y que este mismo sentido de la vida nos permite ser útiles hacia los demás, lo cual sana cualquier herida.

VI. **Evita perder el tiempo en tareas vacías de sentido.** Fuera del trabajo, entregarnos a actividades que no nos llenan solo conduce a la apatía y a la depresión. Debemos llenar de contenido y plenitud cada hora de nuestra vida.

VII. **Organiza bien tu tiempo.** Esta es la única divisa que nunca pierde valor. Para paliar el aburrimiento y el sentimiento de inutilidad, conviene hacer un balance con el tiempo que dedicamos a cada cosa y analizar si podríamos darle un uso más eficaz. *El tiempo es el bien más democrático que existe.*

VIII. **Raciona el pasado.** La melancolía puede ser un sentimiento agradable, porque recuperamos momentos y lugares donde fuimos felices, pero debe ocupar una parte pequeña de tu enfoque vital.

IX. **Vuelve tu mirada hacia el exterior.** Cuando los problemas nos atenazan, a menudo significa que estamos demasiado centrados en nosotros mismos, en nuestros fantasmas y miedos. La mejor manera de desvanecerlos es abrir las ventanas al mundo.

X. **Descubre en todo final un nuevo principio.** Si sabemos hacer la lectura adecuada, una mala experiencia nos brinda la oportunidad de empezar de nuevo y plantear una nueva rutina mucho más plena y satisfactoria.

capítulo
once

Febrero. Adiós a la ansiedad

Hay más cosas que nos asustan que cosas que nos hieran verdaderamente, y sufrimos más en la imaginación que en la realidad.

SÉNECA

En el capítulo anterior nos hemos ocupado principalmente de las heridas psicológicas del pasado. En este veremos de qué manera actúan los miedos en clave de futuro; es decir, el pánico ante acontecimientos que no han sucedido, pero que creemos que podrían suceder. Por lo tanto, a la superación de las heridas del pasado añadiremos vivir con ilusión el porvenir.

Como ya analicé extensamente en mi libro *La ansiedad*, esta es una emoción negativa que se vive en forma de amenaza y malos presagios. Vamos a revisar los puntos fundamentales de este virus que afecta a la inmensa mayoría de la sociedad actual.

Antes de nada, hay que diferenciar entre el *miedo* y la *ansiedad*. El primero es una emoción negativa que se vive como un temor ante algo específico y determinado que puede concretarse. En la ansiedad, los temores vienen de todas partes y de ninguna. Lo que sí comparten la ansiedad y el miedo es que son experiencias de anticipación, de tensión ante un peligro vago y desdibujado.

La ansiedad continuada es la puerta de entrada de enfermedades de origen psicosomático como la gastritis, úlcera de estómago, opresión precordial, dolores musculares y muchas más dolencias.

Existe una *ansiedad creativa* que es positiva[1], ya que nos permite progresar. En la *ansiedad negativa*, en cambio, se mezclan ideas y pensamientos negativos que conducen a la inseguridad y a la parálisis.

Futuro imperfecto: cómo conjugar los tiempos difíciles

Temer al futuro no es algo fuera de lo corriente, pero hay que afrontarlo con acciones positivas, porque si nos dejamos atrapar en las redes del miedo, podemos llegar a temer a la propia vida. Como en la fábula de los bárbaros de Kavafis (en la que toda una ciudad se detiene ante la amenaza de un ataque exterior, y cuando conocen la noticia de que los bárbaros no van a llegar, se confunden y no saben cómo actuar), en la actualidad muchas personas no se mueven, no actúan ni arriesgan, con la excusa de que los bárbaros están a las puertas de la ciudad.

Contra la ficción del *«¿y si...?»*, siempre recomiendo a mis pacientes que disecciones sus temores con el bisturí del pensamiento racional. Si identificamos nuestros miedos, los analizamos y localizamos las reacciones que producen en nosotros, veremos que no hay tanto que temer, porque lo peor que podría

1. Es un elogio cuando se dice que alguien tiene muchas inquietudes. Damos a entender que está interesado en conocer muchas cosas y abierto a ellas.

ocurrirnos es lo que hemos llegado a imaginar. Ante esta posibilidad, y para paliar el posible pánico anticipatorio, podemos preguntarnos: ¿qué podría hacer? Si nos planteamos esta cuestión, nos daremos cuenta de que existen miles de posibilidades que el miedo nos había hecho pasar desapercibidas.

Jamás debemos huir de nuestros temores con una estrategia de evitación. De este modo solo lograremos reforzarlo. Aceptar, comprender y diseccionar nuestros miedos es mirar al tigre a los ojos.

El circuito del miedo

El hecho de no saber qué se avecina nos produce miedo anticipado, y este es el peor de los temores, ya que provoca más sufrimiento que la propia situación desagradable que intentamos evitar. Un estudio neurológico efectuado en Estados Unidos mediante resonancias magnéticas descubrió que la preocupación por lo que pueda suceder se nos graba en el cerebro igual que si hubiera ocurrido de verdad. A este suceso lo denominan *circuito del miedo*.

Para desactivar este circuito, en lugar de preocuparnos por lo que pueda ocurrir, debemos fijarnos en lo que está sucediendo aquí y ahora. Si dejamos de ocupar nuestra mente con pensamientos negativos hacia el futuro y la centramos en el presente de forma positiva, romperemos el círculo vicioso del miedo anticipatorio.

En lugar de rendirnos al miedo, debemos luchar y trabajar en nuestros sueños y deseos más profundos. A fin de cuentas, temer el futuro es temernos a nosotros mismos, porque nuestro futuro son nuestras propias decisiones.

Los síntomas de la ansiedad

Antes de abordar problemáticas concretas que desatan la ansiedad, vamos a hacer un repaso de los síntomas, que pueden ser bastante distintos de un sujeto a otro, aunque existe un núcleo básico común.

Estos síntomas pueden resumirse en los siguientes grupos:

1. *Síntomas físicos*. Están producidos por una serie de estructuras cerebrales intermedias donde residen o se asientan las bases neurofisiológicas de las emociones.
2. *Síntomas psicológicos*. La ansiedad provoca una reacción de sobresalto, de necesidad de huida, de participación activa; es esa impresión de miedos difuminados y etéreos en la que hay una mezcla de agitación, preocupación, puesta en marcha, escape, evasión. Hay también un terreno abonado, sobre todo en sujetos con una cierta capacidad psicológica de introspección, para el autoanálisis, para meterse en los laberintos de la afectividad y rastrear sus sentimientos y emociones.
3. *Síntomas de conducta*. No es necesario que la persona cuente lo que le pasa, ya que el terapeuta puede registrar la ansiedad al ver su comportamiento. Debajo del lenguaje no verbal de la persona ansiosa discurre un lenguaje subliminal, lleno de entendidos y sobreentendidos, de fórmulas acuñadas por el uso.
4. *Síntomas intelectuales*. También se les llama *cognitivos*, y hacen referencia a ideas, pensamientos, imaginaciones... y a la manera en que todo eso se procesa en la mente. En este nivel, la ansiedad se experimenta esencialmente en la manera que tiene el sujeto de elaborar las ideas y los recuerdos. De ahí que podamos definirla como aquel *estado subjetivo de tensión que se produce*

como consecuencia de errores o deficiencias en la acumulación y procesamiento de la información.

5. *Síntomas asertivos.* Se refieren a la disminución de las habilidades sociales.

Doctor, no sé qué tengo, pero estoy fatal

Entre las múltiples manifestaciones de la ansiedad se halla la hipocondría, que es una actitud ante el propio cuerpo que nos lleva a estar permanentemente atentos a cualquier sensación somática y hacer una interpretación negativa de ella. Si uno tiene dolor de cabeza con cierta frecuencia, piensa que puede ser un tumor; si una mujer nota una molestia en un pecho, cree que tiene un cáncer de mama, etcétera.

El término *hipocondría* viene etimológicamente de Hipócrates, el médico griego que ejerció en el llamado siglo de Pericles.

La persona que la padece se centra en ciertas partes de su cuerpo, que fundamentalmente son la cabeza, el tórax y el abdomen. Molière, en su libro *Le malade imaginaire*, presenta a un viejo hipocondríaco que se pasa el día con los pies metidos en agua, tomándose el pulso, la temperatura, observándose minuciosamente el cuerpo... Esta clase de pacientes no se despegan de su cuerpo y tienen especial sensibilidad para cualquier reacción que este les mande, que siempre será interpretada en clave de alerta.

Un problema de interpretación

Nuestras reacciones de alarma aceleran nuestras pulsaciones, así como la respiración, y generan toda una serie de cambios en nuestro organismo para que estemos listos ante cualquier situación. Este sistema natural de defensa ha ayudado a la supervivencia del ser humano. Sin embargo, cuando las alarmas se activan sin que conozcamos el motivo, somos presa del miedo y generamos un círculo vicioso que puede conducir —en el caso del miedo anticipatorio a las enfermedades— a la hipocondría.

Los hipocondríacos ven amenazas terribles donde no hay nada. Incluso si están efectivamente enfermos, su obsesión les lleva a fijarse en síntomas leves que nada tienen que ver con el mal real. Lo que les hace sufrir no son las propias sensaciones del cuerpo, sino la interpretación que hacen de ellas.

Este no es un problema actual. Personalidades como Charles Darwin, Marcel Proust, Pío Baroja o —más modernamente— Gabriel García Márquez, entre otros, han sufrido esta dolencia.

Diseccionando la hipocondría

Un estudio realizado en Estados Unidos ha demostrado que entre el 5 y el 10 por ciento de los pacientes hospitalarios son en realidad hipocondríacos. Los componentes esenciales de este trastorno son de tres clases:

- *Cognitivos*. Parten de una preocupación excesiva por nuestro cuerpo y por la enfermedad. El sujeto piensa en clave de enfermedades y síntomas, se autoexamina de forma excesiva, atiende a las consecuencias negativas e ignora las positivas.
- *Emocionales y fisiológicos*. La hipocondría se expresa a través de la ansiedad que generan unos temores que no se corresponden con la realidad, lo que se traduce en cambios anímicos y en la somatización de enfermedades.

- *Conductuales*. El hipocondríaco habla de síntomas con familiares y extraños, busca información exhaustiva sobre dolencias, visita a especialistas constantemente, lo que afecta a la buena marcha de su vida.

El hipocondríaco[2] está sumergido en el *rol de enfermo* y no se da cuenta de ello. A pesar de que este trastorno es independiente de la depresión, en muchas ocasiones van de la mano y se retroalimentan, con sentimientos negativos que pueden llegar a generar dolencias que aumenten los síntomas. Muchos hipocondríacos tienen tanto miedo a que les diagnostiquen la temida enfermedad que ni siquiera se acercan a una consulta.

Los factores que facilitan la hipocondría son:

- Experiencias previas con enfermedades que ha padecido el propio sujeto o bien personas de su entorno.
- Malos hábitos en relación con la salud.
- Prejuicios sobre la salud y la enfermedad, a menudo con una información deformada.

¿Cómo se cura la hipocondría?

Una vez analizado y encontrado el foco del problema, tras asegurarnos de que no existe ninguna enfermedad física, la persona que sufre el trastorno deberá asumir su problema y aceptar de buen grado todo lo que le plantee el terapeuta, pues la curación cambiará su vida por completo.

2. Se le llama también *personalidad argánica* en recuerdo de Argán, personaje central de la obra de Molière *Le malade imaginaire*, un aprensivo de primer nivel.

El tratamiento más indicado acostumbra a ser cognitivo-conductual y, en casos agudos, solo durante la primera fase, se recetarán también ansiolíticos para mitigar las dolencias que producían los síntomas.

Estas son algunas de las medidas que el terapeuta aplicará a su paciente:

- Aprendizaje de técnicas de relajación.
- Refuerzo de la autoestima.
- Lucha por no estar tan pendiente de las sensaciones corporales.
- Desdramatización de cualquier molestia física.
- No leer los prospectos de medicamentos bajo ningún concepto.
- Análisis de la vida para resolver los conflictos que en ella pueda haber y que se expresan a través de la hipocondría.
- Para la cura y la desensibilización al miedo, será necesaria la reeducación de los hábitos: no acudir a la consulta, dejar de leer compulsivamente prospectos médicos, no hablar de la enfermedad con las personas del entorno...

La familia deberá participar de forma activa en este proceso, modificando la conducta que tenía ante el sujeto hipocondríaco. Esta dolencia psicológica tiene cura y puede solucionarse con fuerza de voluntad, con un cambio de hábitos y con la ayuda de los seres queridos.

Un caso práctico: enfermedades imaginarias

Atiendo a una persona de 47 años de Madrid que viene a la consulta con dos maletas llenas de análisis de los últimos siete años. Quiere que me los mire, pues no está convencido de lo que le han dicho los últimos médicos que le han atendido. Me explica que en los últimos meses ha ido nueve veces a urgencias: una vez por un dolor de estómago, otra por no poder tragar bien, otro día por un dolor agudo...

Esta paciente ha desarrollado una reacción *yatrógena* hacia los médicos. Yatrógeno significa *una reacción médica inadecuada que fomenta la enfermedad.* Me cuenta que la última vez que estuvo en el hospital por no poder respirar bien le hicieron un electrocardiograma. El médico era muy joven y comentó con otro profesional que no creía que fuera un infarto. Al expresarse así, provocó una reacción yatrógena en la paciente, a quien este comentario influyó muy negativamente.

Me doy cuenta de que padece una hipocondría en general y, más concretamente, una cancerofobia. Está pendiente de su cuerpo y tiene miedo de tener cáncer en el pecho y en los ovarios porque una familiar suya lo ha padecido con anterioridad. Al mismo tiempo se ha aficionado a leer los prospectos de los medicamentos, que, como bien sabemos, son un manual de medicina para evitar que alguien pueda denunciar un efecto secundario que no esté descrito.

Le explico que es una enfermedad grave, pues se vuelve crónica, y que la obsesión por la salud corporal la lleva a un sinvivir. A partir de aquí empezamos a poner en práctica medidas concretas como las que se han descrito en el apartado anterior.

A medida que la mujer va tomando conciencia de su problema, colabora activamente en la terapia y relaja la vigilancia sobre su cuerpo y sus síntomas. Esto hace que experimente una clara mejoría, lo que redunda en una mayor calidad de vida.

Cuando nos obligan a parar

Así como la ansiedad hacia el propio cuerpo se manifiesta en forma de hipocondría, desde un punto de vista social, el paro es una fuente de trastornos que minan la autoestima de la persona.

Aunque sus efectos en la salud psicológica dependen de factores como la edad, el estado familiar o el tiempo que lleve buscando empleo el afectado, existen una serie de emociones negativas que son comunes a todos ellos:

- Vergüenza ante la situación de desempleo.
- Sensación de haber fallado.
- Sentimiento de culpa, aunque a menudo el parado es incapaz de ver los factores externos que llevaron a quedarse sin empleo.

En un primer momento, las reacciones naturales cuando nos obligan a parar pueden ser de rabia, tristeza y miedo ante la incertidumbre. Son lógicas y es sano dejarlas salir, pero después de un periodo de duelo hay que superarlo y ver cómo son las cosas sin dramatizar. Asumir lo que nos ha ocurrido y verlo como un paso hacia algo mejor, asumiendo que no hemos perdido ninguna de nuestras capacidades.

Medidas para no quedarse inactivo

Según el doctor Luis de Rivera, director del Instituto de Psicoterapia de Madrid, el paro puede llegar a incapacitar a una persona, pues el trabajo, así como los estudios, son nuestras señas de identidad. Nos definimos en sociedad a través de nuestro trabajo, y cuando nos quedamos sin empleo nos sentimos aislados y perdemos la autoestima.

Nuestras relaciones sociales también pueden mermar, si la mayoría de ellas se fraguaban y mantenían en el entorno laboral, cosa que aumenta la sensación de aislamiento.

Otro de los problemas es el tiempo disponible, pues *el trabajo nos mantiene estructurados*. Muchas personas no saben qué hacer fuera de él y caen en la apatía y el aburrimiento, además de la lógica angustia económica por la disminución de ingresos, que puede afectar directamente a la dinámica familiar. Todos estos factores dinamitan la autoestima del parado, llevándolo potencialmente a la depresión y a las tendencias autodestructivas.

Además de todos estos factores que llega a sufrir la persona en paro, está el denominado *síndrome de invisibilidad*, el cual acontece cuando el individuo empieza a sentir que todos aquellos que podrían ayudarlo u ofrecerle una oportunidad no le ven.

Para salir adelante, hay una serie de medidas que la persona en paro debe poner en práctica cuanto antes:

- Planificar bien las propias finanzas para enfrentarnos a la nueva situación sin ansiedad añadida.
- Buscar el apoyo de amigos y familiares.
- Mantener una actitud activa y práctica mientras buscamos un nuevo empleo.
- Programar una agenda con distintas actividades para no aislarnos del mundo, aprovechando para hacer aquello que antes no podíamos realizar por falta de tiempo.
- Realizar cursos para mejorar nuestras oportunidades laborales.

La clave está en no desesperar ni rendirse, porque cada crisis es una puerta abierta a nuevas oportunidades, como ya vimos en el apartado dedicado al fracaso.

EJERCICIO PRÁCTICO: RESPIRACIÓN CONSCIENTE

Las personas que soportan una carga importante de ansiedad ponen una presión innecesaria en todos sus mecanismos vitales, lo cual se traduce en respiración agitada, palpitaciones, sudores fríos, mareos y muchos otros síntomas desagradables.

Un ejercicio muy utilizado en las terapias conductistas es justamente desacelerar y desactivar ese estado de alerta constante a través de la respiración consciente, que puede realizarse en cualquier lugar y, con solo diez minutos, tiene un efecto calmante que ayuda a centrarse.

- Antes de nada, llevaremos la respiración a un ritmo lento, implicando el vientre, el pecho y las clavículas, que deben levantarse con cada inspiración.
- Nuestra respiración será lo suficientemente lenta cuando ya no oigamos el paso del aire.
- A continuación, vamos a centrar nuestra atención en las fosas nasales. Por espacio de diez minutos, nos concentraremos en el aire que entra y sale suavemente como una tenue brisa.
- Centrarnos en la respiración ayuda a vaciar la mente. Aun así, si durante el ejercicio acuden pensamientos molestos a nuestra cabeza, no debemos oponernos a ellos, ya que con ello los reforzaríamos. Como recomiendan los instructores de meditación, solo hay que etiquetarlos como *pensamiento* y dejarlos pasar, sin juzgarlos, como si fueran nubes.

Cuando la enfermedad llama a nuestra puerta

Todos y cada uno de nosotros conocemos las enfermedades severas, las crónicas, incluso las terminales. Sin embargo, siempre pensamos que a nosotros no nos tocará, sin recordar que en el mundo más cien millones de personas conviven con enfermedades crónicas y que más de la mitad tienen entre 18 y 64 años.

Cuando nos llega la noticia, hacerle frente es duro y demoledor, y la reacción depende completamente de la actitud de cada persona, aunque *la manera en que se aprenda a vivir con ella influirá mucho en cómo evolucione nuestra salud* a partir de entonces.

Según la doctora Elisabeth Kübler-Ross, las etapas de ajuste ante una noticia de este tipo son semejantes a las cinco etapas de duelo:

1) Primero se niega; no se acepta la noticia.
2) A continuación uno se enfurece con todo y todos, porque el mundo continúa girando sin nosotros.
3) Después llega la tristeza.
4) Luego se intenta negociar, pero la enfermedad no acepta tratos.
5) Finalmente se acepta como parte de uno mismo y aprendemos a manejar nuestra nueva vida.

Quedarnos en cualquier fase es autodestructivo; por ejemplo, en la fase de la tristeza podemos deprimirnos y autoagredirnos, y en la de la rabia acabar amargados.

Una enfermedad es un reto que hemos de aprender a superar. Vivir con ella es difícil, pero depende de cómo nos adaptemos psicológicamente. Si nos informamos sobre cómo nos afecta nuestra nueva condición, entendemos qué ha quedado atrás, lo mucho que nos queda todavía y lo que podemos desarrollar, si somos positivos y no caemos en el círculo vicioso del desánimo. *La actitud es esencial y nuestra mente es la mayor cura que existe.*

La terapia sanadora de la familia

El apoyo familiar es básico desde el primer momento[3]. Los seres queridos pueden sentirse tentados al silencio a causa de la noticia, pero esto es un error. En estos casos es más importante que nunca demostrar una actitud positiva a través de estas medidas:

- Unidad y cooperación dentro del núcleo familiar.
- No dejar a una sola persona como cuidador.
- Mostrarnos felices y siguiendo nuestros proyectos.
- Animar al enfermo para que aproveche el tiempo y encontrar metas ajustadas a sus limitaciones actuales que den significado a su vida.

Los especialistas en curas paliativas comprueban como, cuando llega el final en las enfermedades largas, tanto el enfermo como los familiares están cansados y la muerte se acepta. Encarar el último adiós *con respeto y afecto, despidiéndose correctamente, sin albergar sentimientos de culpa,* es la mejor forma de terminar bien.

---

3. En las enfermedades psíquicas la implicación de la familia suele ser muy importante y el psiquiatra y el psicólogo deben colaborar con ella con armonía.

Según Eduardo Clavé, doctor en bioética, lo que nos diferencia del resto de los seres vivos es nuestra dimensión espiritual, nuestra búsqueda de la realización personal. Durante una enfermedad larga, o incluso al enfrentarnos a la muerte, *la atención por parte de personas que comprendan estas necesidades, ya seamos religiosos o no, es algo imprescindible.*

La muerte no es negativa, sino necesaria; es algo natural. La muerte es parte de nosotros, nos transforma durante toda nuestra vida, como dice Ferrater Mora: «La muerte matiza, da color a todos nuestros contenidos... La presencia como trasfondo de la muerte da a la vida sentido y aun contenido».

La vida, la enfermedad y la muerte son parte de un recorrido natural que no tiene que resultar traumático. Todo depende de cómo lo aceptemos y decidamos vivirlo. Nuestra mente es capaz de grandes cosas y, entre ellas, *llevar una vida plena incluso sufriendo una enfermedad*. Ser feliz y sentir alegría por estar vivo, disfrutar del presente y de aquellos que nos quieren, es lo que da sentido a cada momento que pasamos aquí.

EL PEQUEÑO TEST DE LA ANSIEDAD

1. **Cuando tienes ante ti dos temas que reclaman tu atención, te vuelcas…**
   (a) En el importante, aunque el otro parezca más urgente.
   (b) Siempre primero en lo urgente y luego en lo importante.
   (c) Te quedas paralizado mientras dudas qué tarea acometer.

2. **La mayoría de las veces que acudes al médico…**
   (a) Se debe a enfermedades claras y manifiestas que necesitan tratamiento farmacológico.
   (b) Es por dolencias que revisten menos importancia de lo que habías supuesto al principio.
   (c) Se debe a *falsas alarmas* que te ha mandado tu cuerpo.

3. **Tu mayor preocupación ahora mismo es…**
   (a) Atender todo lo que tiene que ver con el día de hoy.
   (b) Acometer los problemas que van a presentarse a corto plazo; por ejemplo, en una semana.
   (c) Las cosas negativas que pueden suceder en los próximos meses.

4. **Cuando experimentas síntomas de ansiedad…**
   (a) Inmediatamente lo contrarresto con actividades tranquilas que me calmen.
   (b) Los veo como un mal inevitable por el ritmo de vida que llevamos.
   (c) Me asusto y pienso que voy a padecer un infarto.

5. **Al mirar el futuro a largo plazo, veo…**
   (a) Un campo lleno de oportunidades.
   (b) Problemas y satisfacciones a partes iguales.
   (c) Solo calamidades, puesto que vamos de mal en peor.

PUNTUACIÓN

Cada (**a**) suma 2 puntos y cada (**b**) 1 punto, mientras que la (**c**) no puntúa.

7 O MÁS PUNTOS
Estás vacunado contra la ansiedad, que sabes gestionar de forma muy eficaz. Sin embargo, no olvides que un poco de estrés es necesario para no caer en la apatía o la indolencia.

DE 4 A 6 PUNTOS
Presentas un cuadro normal de ansiedad, que puedes rebajar incorporando hábitos saludables a tu vida, como suprimir los excitantes, practicar ejercicio suave y levantar el pie del acelerador.

MENOS DE 4 PUNTOS
Tu perfil ansioso te mantiene en un estado de alerta permanente, lo cual resulta agotador y muy poco práctico. Debes tomar cuanto antes medidas de desaceleración y aprender a no pre-ocuparte de las cosas.

DECÁLOGO DE LA ANSIEDAD

I. **Desactiva el miedo al futuro.** La ansiedad es una emoción negativa orientada hacia lo que sucederá. Existe la ansiedad creativa, que es positiva porque nos permite progresar, pero la negativa nos bloquea. El remedio para esta segunda se llama aquí y ahora. Trabaja lo diario con tenacidad.

II. **Disecciona y comprende tus miedos.** El miedo al futuro y a lo desconocido es natural, pero no nos debe paralizar. Si lo peor que podría ocurrir es lo que nosotros mismos imaginamos, no hay nada que temer porque podemos calcular las reacciones. Toma papel y lápiz y clasifica tus miedos de más a menos.

III. **Romper con el circuito del miedo.** Nuestro cerebro toma como real aquello que tememos aunque no llegue a ocurrir; por eso cuando anticipamos algo lo sufrimos tanto o más que si fuera real. Para detenerlo debemos centrarnos en el presente.

IV. **Deja de escuchar tu cuerpo.** La hipocondría es un problema de interpretación. El individuo está atento a los síntomas de su cuerpo y se pone nervioso, su organismo se alerta y eso le hace pensar que efectivamente le ocurre algo. Ser aprensivo es vivir en un sinvivir.

V. **Reaprende los hábitos de pensar y de comportarse.** Dejar de pensar en clave de enfermedad, no prestar atención a las noticias médicas y evitar leer prospectos de los medicamentos son tres bastiones que nos libran de la hipocondría.

VI. **Aprovecha la enfermedad como un momento de reflexión y reencuentro.** Si estamos convalecientes, podemos aprovechar para hacer balance de nuestra vida para corregir hábitos y mejorarla. Si quienes están enfermos son personas cercanas a nosotros, es una llamada para acercarnos a ellas y reconciliarnos. *El sufrimiento es psicológico y el dolor es físico: llévate bien con los dos cuando lleguen.*

VII. **Entender el paro como una pausa para corregir el rumbo.** Un parado puede sentir vergüenza, culpa, y ver menguada su autoestima. Tras pasar el duelo natural, hay que asumir la nueva situación, planificar las finanzas y afrontar el futuro con una actitud activa y práctica. Hay que intentar ver lo sucedido como una oportunidad para encontrar algo mejor.

VIII. **Cambiar los miedos irreales por los reales.** Una manera de vencer la ansiedad es restringir nuestro temor a las cosas que ya están sucediendo y encararlas en clave de soluciones. Lo que aún no ha pasado no existe.

IX. **Evita los excitantes.** El exceso de café, té, chocolate y otras sustancias estimulantes agravan los problemas de ansiedad; más aún si se combinan con agentes nocivos como el tabaco y el alcohol.

X. **Recuerda cómo respirar.** Las personas que sufren ansiedad olvidan respirar lenta y profundamente. Implicar en cada aliento vientre, pulmones y clavículas y dejar pasar los pensamientos nos ayuda a recobrar la calma.

capítulo
doce

Marzo. Superar el miedo a la muerte

No hay que temer a la muerte, sino a no haber empezado nunca a vivir.

MARCO AURELIO

Dentro de los miedos existenciales, los más importantes son el temor al futuro y el temor a la muerte.

El temor al futuro, que hemos visto en el anterior capítulo, es un miedo muy normal, ya que las circunstancias de la vida son siempre inciertas y cambiantes. El *amor*, el *trabajo* y la *salud* son los tres pilares que sostienen nuestro futuro, y el miedo a que alguno de los tres se dañe nos crea una gran inquietud.

El miedo a morir está asimismo muy presente en la mayoría de las personas, ya que nuestra sociedad vive de espaldas a la muerte, excepto en el tiempo cada vez más breve en el que visitamos un tanatorio para luego olvidar lo que hemos visto y regresar a nuestras urgencias cotidianas.

Toda la filosofía nace a orillas de la muerte, ya que el animal termina pero el hombre muere, consciente de su propia finitud.

En una encuesta que realicé sobre la felicidad en personas de 18 a 60 años, me di cuenta de que ningún joven habla de la salud como un componente de la felicidad, pues casi todos están sanos. En cambio, en la gente mayor la palabra *salud* se convierte en el principal ingrediente de la felicidad.

¿Debemos tomar más conciencia de la muerte para poder apreciar la vida?

Una terminal de salidas y llegadas

En los seres humanos, el miedo a la muerte nos sirve para hacernos preguntas y madurar. El problema surge cuando este temor se intensifica hasta convertirse en un pánico irracional, capaz de provocar crisis de ansiedad y depresión, de asfixiar a la persona hasta no dejarla vivir de tanto pensar en el final.

Incluso las personas creyentes, que tienen fe en otra vida después de esta, pueden manifestar cierto miedo a morir, porque el temor al sufrimiento, a la oscuridad, a lo desconocido, está muy imbricado en la psicología humana.

Según el catedrático en psicología clínica Enrique Echeburúa, el hombre tiene miedo a la muerte porque somos conscientes de que tenemos fecha de caducidad, de que el tiempo se nos termina y deberemos dejar familia, amigos y proyectos atrás. Además de la incógnita de qué nos espera y el miedo que todos sentimos al dolor.

El aprendizaje de la muerte

En la infancia, entre los 8 y 12 años, los niños empiezan a sentir y expresar miedo a la muerte, y esto significa que están madurando. Bruno Bettelheim, psicoanalista especializado en la infancia, comenta los beneficios de los cuentos a estas edades, pues les ayudan a comprender los grandes temas, como el amor, la muerte y la soledad, de una forma sencilla que los tranquiliza.

Cuando empiezan a sentir angustia, miedo a la oscuridad, pánico a perder a los padres..., hay que escucharlos con calma y leerles historias que tengan que ver con sus problemas para que puedan dar rienda suelta a sus sentimientos.

El miedo a la muerte puede tratarse con éxito. Es necesario asumir que nuestra vida tiene final y un motivo, que tiene sentido. El antídoto ante el pánico es realizar nuestros proyectos y encontrar nuestra misión en la vida.

Como decía Marco Aurelio, lo que debe preocuparnos es vivir con plenitud, para después mirar atrás y ver que hemos aprovechado y disfrutado de nuestro tiempo, en lugar de sufrir pensando que se nos acaba.

Creer para vencer el miedo a la muerte

La mejor interpretación de la muerte es la que da el sentido espiritual de la vida. Los tres grandes libros que lo explican son el Pentateuco, el Evangelio y el Corán. Para un creyente firme, la muerte es el principio de la vida y la vida es una preparación para la muerte.

Mucha gente vive como si la muerte no existiera, y este es precisamente el problema, ya que cuando deben enfrentarse al final, no están preparados. Jean Guitton lo comenta en sus memorias[1], en las que dice que en nuestra sociedad se comete el error de vivir como si no fuéramos a morir.

1. Cfr. Jean Guitton, *Silencio sobre lo esencial*, EDICEP, Valencia, 1998.

Una persona creyente puede también tener miedo a la muerte, pero el temor se centra sobre todo en la agonía de sus últimos días de vida, es decir, en el dolor. Aunque tenga fe, también puede tener temor sobre qué se va a encontrar. Si la fe es profunda, sin embargo, produce una gran serenidad, pues ver a Dios como padre significa saber que tendrá compasión con nuestros fallos, defectos y miserias.

Si una persona es agnóstica y no cree en nada, existen dos alternativas: puede pensar que no pasa nada y que todo se queda en polvo, o puede padecer una gran angustia; en este último caso, lo que hago es explicarle, más que como psiquiatra como humanista, que hay que *encontrar el sentido de la vida*.

Hay que encontrar un sentido profundo de la vida; con eso se puede esperar tranquilamente a la muerte.

Un caso práctico: el rechazo a la banda media

Recientemente me llamó un paciente de 52 años, profesor de oficio que padece un trastorno bipolar. Ha vivido en estado de euforia durante varios meses y por fin he conseguido que acepte el tratamiento. Acaba de entrar en la banda media, donde no le gusta estar. La banda media le desagrada, pues se acuerda de cuando ha estado en la parte eufórica, en el pico del éxtasis.

Le estoy enseñando a moverse en esta banda media, pero él lo rechaza, pues dice que eso no es vida. En estos casos hay que aplicar el tratamiento farmacológico y el psicológico. Son tratamientos especialmente difíciles, pues a la persona que ha estado en un estado efervescente como este luego le cuesta bajar a la realidad, porque no la acepta. Por su propia seguridad, si este paciente no mejora en los próximos días, deberá ser ingresado, ya que ha albergado la idea de suicidio.

Para la psicoterapia se utiliza un manual llamado *vademecum*, que es un libro rojo en el que vienen todos los medicamentos que existen en el mercado. El único medicamento que no viene es *el médico, que cura con su palabra*, con su presencia. En toda terapia, el gesto psicológico del médico es esencial. El psiquiatra tiene que andar con cuidado por la enorme influencia que ejerce sobre sus pacientes; de alguna manera es responsable de su vida.

El pánico a envejecer

Nuestro concepto de la vejez ha sufrido un cambio enorme en los últimos tiempos. Hace cuarenta años se decían cosas como «El anciano de sesenta años se cayó en la calle». Hoy en día encontramos a personas con setenta u ochenta años que se encuentran fenomenal. Este tema ha cambiado enormemente.

El miedo lógico a envejecer es el temor a la decrepitud, a que el motor no funcione en la parte final del trayecto, cuando recogemos las conclusiones de la vida.

Hay dos enfermedades que implican demencias preseniles: el alzhéimer y la enfermedad de Pick. Las dos conllevan disminuciones del pensamiento, del rendimiento intelectual, lo cual afecta a la percepción, la memoria y la capacidad de raciocinio en personas relativamente jóvenes.

El alzhéimer se inicia de forma gradual y se va instaurando poco a poco, empezando por despistes y olvidos de palabras. Los científicos investigan intensamente cómo frenarlo, pero aún seguimos sin conocer las causas exactas. Se cree que es una disminución de la sustancia noble del tejido cerebral, una atrofia neuronal que da lugar a que las principales facultades de la zona frontal se reduzcan y que la persona se empobrezca.

Pánico a no haber vivido

Al final de este capítulo, cerraremos el libro con algunos consejos prácticos para favorecer el vigor mental. Antes, no obstante, vamos a atender a dos grandes maestros del pensamiento moderno. Puesto que el miedo a la muerte se combate con el amor a la vida, veremos lo que Arthur Schopenhauer y Bertrand Russell dijeron sobre el arte de vivir.

La cura del pesimista

El *Arte del buen vivir* o *Los aforismos del arte de vivir* es un libro breve en el que el filósofo Arthur Schopenhauer (1788-1860) ofrece un manual práctico con recomendaciones y advertencias para vivir evitando el dolor y el aburrimiento intrínsecos a nuestro mundo.

Schopenhauer fue un filósofo pesimista que basa su fórmula para la felicidad en *alejarnos del sufrimiento*. Para ello, da gran importancia a la soledad, por lo que nos anima a *buscar la felicidad en nosotros mismos y no en el exterior*. Este pensador insiste en que los genios y los hombres de valor no tienen la necesidad de estar en sociedad, pues se valen por ellos mismos, aunque vivan en familia.

Para Schopenhauer existen dos tipos de personas. La primera está integrada por aquellos que solo se preocupan por pasar el tiempo y viven para el reconocimiento y las cosas materiales. Es decir, bienes efímeros, que en un momento u otro desaparecen, y entonces el individuo queda desposeído de todo.

El otro tipo de persona es la que se preocupa por aprovechar el tiempo y siente la *necesidad de aprender y meditar*, de *desarrollar sus talentos y creatividad*, de *conocerse a sí mismo*. Valores, virtudes y bienes que, por mucho que pase el tiempo y cambien las cosas, no perdemos nunca y nos hacen felices.

La vida de la primera persona está llena de momentos vacíos, de la búsqueda del placer para llenarlos, de sentimientos de incertidumbre, mientras que la segunda cada vez se siente más llena y confiada según pasa el tiempo, ya que *sus conocimientos y horizontes se expanden*. La segunda persona nunca se aburre, porque tiene su arte y su cultura; en un principio tiene dos vidas, que al final se enlazarán en un solo fin.

De este modo, sencillo y claro, Schopenhauer nos invita a *hacer introspección y descubrir cuáles son nuestros intereses*, dejar de lado la superficialidad y *entregarnos a nuestros proyectos con ahínco*, pues solo así lograremos la serenidad y la felicidad. En sus propias palabras: «Lo que uno tiene por sí mismo, lo que le acompaña en la soledad sin que nadie se lo pueda dar o quitar, esto es mucho más importante que todo lo que posee o lo que es a los ojos de otros».

La receta filosófica de Russell

Bertrand Russell (1872-1970), filósofo, matemático y premio Nobel de Literatura, publicó en 1930 *La conquista de la fe-*

licidad, un libro con toques irónicos, sencillo y accesible, que expone los motivos por los que muchos somos infelices y las medidas que pueden llevarnos a la felicidad.

Según explica este pensador inglés, los animales son felices solo con comida y salud, mientras que para los hombres no es suficiente con esto, y *la infelicidad surge a partir de factores psicológicos y sociales*. La lucha por la vida sería el principal problema que nos aleja de la felicidad, pero no en lo que se refiere a la supervivencia, sino en todo lo que tiene que ver con la búsqueda del éxito y la posición social, por culpa de una educación que nos ha hecho ver nuestro rol en la sociedad como algo fundamental.

Cuando somos niños no nos enseñan a estar solos y a cultivar los placeres de la imaginación y el autoconocimiento. Por ello, cuando crecemos no soportamos el aburrimiento y huimos de él refugiándonos en *placeres que nos hacen infelices y nos excitan*. La fatiga, como explica Russell, es uno de nuestros males, pues aunque una fatiga física no excesiva puede ser buena, cuando es nerviosa y está producida por las preocupaciones, acabamos siendo presas del miedo, no prestamos atención a lo que nos rodea y dejamos de disfrutar de la vida a causa del estrés.

Las altas expectativas que nos fijamos hacen que un día hermoso pueda resultar frustrante. Debemos aprender desde niños que *no siempre ocurren cosas extraordinarias* y que *los pequeños placeres son la base de la felicidad*.

La envidia y el miedo[2] a lo que los demás piensen de nosotros pueden convertirnos en personas realmente infelices.

---

2. Un síntoma de madurez es no buscar la aprobación de los demás, sino ser uno mismo.

En cuanto a la felicidad, para Russell existen dos tipos: la natural y la imaginativa. La primera se consigue a través del placer por el trabajo bien hecho, amar y ser amado, el disfrute de las pequeñas cosas… La segunda tiene que ver con la cultura, el arte y la introspección; es la dicha de las personas con inquietudes intelectuales.

Consejos sencillos para mentes complicadas

Aunque parezca una recomendación muy sencilla para un filósofo de esta envergadura, Russell insiste en que *las cosas hay que realizarlas por el simple placer de hacerlas*. Ahí radica la felicidad, en hacerlo todo con entusiasmo: hablar, leer, comer, reír, cocinar, sentir, pasear…

Para la felicidad es muy importante entender que *el trabajo es parte de nuestra vida* y puede resultar muy satisfactorio, aunque fuera de él debemos mantener nuestros propios intereses que nos ayuden a conservar nuestra personalidad y nos ofrezcan momentos de paz.

Según escribe Russell, *para que una persona sea feliz, sus intereses han de ser diversos y debe relacionarse de forma amistosa*. Hay que mimarse y volcar esa felicidad hacia afuera, intentando hacer que los demás se sientan bien, y estimular nuestra mente y espíritu cada vez que tengamos tiempo libre. De esta manera lograremos organizar nuestras vidas hacia una existencia realizada y llena de proyectos apasionantes.

Por último, coincide con muchos otros pensadores en que lo que mata el brillo de la vida es dejarse abrumar por las pequeñas adversidades:

Hay personas que son incapaces de sobrellevar con paciencia los pequeños contratiempos[3] que constituyen, si se lo permitimos, una parte muy grande de la vida. Se enfurecen cuando pierden un tren, sufren ataques de rabia si la comida está mal cocinada, se hunden en la desesperación si la chimenea no tira bien y claman venganza contra todo el sistema industrial cuando la ropa tarda en llegar de la lavandería. Con la energía que estas personas gastan en problemas triviales, si se empleara bien, se podrían hacer y deshacer imperios. El sabio no se fija en el polvo que la sirvienta no ha limpiado, en la patata que el cocinero no ha cocido, ni en el hollín que el deshollinador no ha deshollinado. No quiero decir que no tome medidas para remediar estas cuestiones, si tiene tiempo para ello; lo que digo es que se enfrenta a ellas sin emoción. La preocupación, la impaciencia y la irritación son emociones que no sirven para nada. Los que las sienten con mucha fuerza pueden decir que son incapaces de dominarlas, y no estoy seguro de que se puedan dominar si no es con esa resignación fundamental de que hablábamos antes. Ese mismo tipo de concentración en grandes proyectos no personales, que permite sobrellevar el fracaso personal en el trabajo o los problemas de un matrimonio desdichado, sirve también para ser paciente cuando perdemos un tren o se nos cae el paraguas en el barro. Si uno tiene un carácter irritable, no creo que pueda curarse de ningún otro modo. [...] El que ha conseguido liberarse de la tiranía de las preocupaciones descubre que la vida es mucho más alegre que cuando estaba perpetuamente irritado[4].

3. Tener buena tolerancia a las frustraciones es síntoma de una conducta sana y elástica que se supera en las dificultades y no se queda atrapada en sus redes.

4. Bertrand Russell, *La conquista de la felicidad*, Debolsillo, Barcelona, 2003.

El elixir de la eterna juventud: renacer cada día

Tras este paseo filosófico, volvamos a la biología para ver cómo el proceso de envejecimiento es algo natural en todos los organismos vivos, aunque en el ser humano se da de forma distinta según cada individuo.

En cada persona conviven tres edades distintas:

1. La cronológica o temporal.
2. La biológica o corporal.
3. La psicológica o espiritual.

Estas tres edades se relacionan e influyen entre sí, de manera que cada individuo envejece de forma distinta sin importar realmente cuál sea su edad cronológica. Si bien es cierto que la biológica nos afecta especialmente, pues no podemos huir del espejo, la realmente importante es la tercera.

Las personas entusiastas conservan una mente joven hasta el final, disfrutando de una vida alegre y feliz, pues la edad no está solo en la piel, sino también en la forma de pensar.

Los secretos de la longevidad mental

El *sueño* tiene mucho que ver con la capacidad para conservar una mente joven, según han señalado estudios experimentales realizados con personas entre 79 y 95 años. Los sujetos que descansan sin dificultades están más protegidos contra la senilidad que el resto. Esto es debido a que el sueño es un preventivo de la vejez prematura, y en cambio la falta de él produce sustancias tóxicas que lo aceleran.

Otro secreto es el *deporte suave*, es decir, caminar media hora al día a buen paso, salir en bicicleta... Estos ejercicios sencillos que todos podemos realizar retardan los efectos que envejecen el cerebro y el resto del organismo, según explica Georgina Montemayor, de la Facultad de Medicina de la UNAM. Con la edad perdemos la parte de la corteza prefrontal en la que residen las emociones, justamente la que más tiempo tarda en formarse, pero la práctica diaria de ejercicio oxigena la sangre y el cerebro, ayudando a que las fibras neuronales crezcan y se conecten, lo que nos ayuda a la toma de decisiones y a la memoria. Según la revista *Circulation*, el cerebro de las personas que hacen menos ejercicio y de las que viven una vida completamente sedentaria envejece antes por la falta de circulación sanguínea.

La *dieta* es otro punto esencial para conservar una mente vigorosa. Los estudios de gerontólogos de la Universidad de Columbia han confirmado que una alimentación sana y variada como la mediterránea, rica en omega 3, con verduras frescas, frutas y frutos secos, elimina los radicales libres que oxidan las células y mantiene joven nuestro cerebro.

Otro seguro de vida para nuestras facultades intelectuales es *entrenar nuestra mente* para que se mantenga ágil y flexible. Eso podemos conseguirlo con actividades que fortalezcan nuestra memoria, como juegos, lectura, puzles o ajedrez. Cuidar y ampliar las relaciones personales, aprender nuevos conocimientos y mantener una curiosidad a prueba de los años, evitando el estrés y las preocupaciones inútiles, son otros ingredientes del elixir de la eterna juventud.

EJERCICIO PRÁCTICO: PIEDRAS Y PRIORIDADES

Esta célebre fábula empresarial es una demostración práctica de cómo podemos fijar nuestras prioridades para no desperdiciar la vida en lo urgente y centrarnos en lo verdaderamente importante.

Un experto en gestión del tiempo que daba una conferencia puso sobre la mesa un frasco de cristal y un montón de piedras del tamaño de un puño.

—¿Cuántas piedras caben en el frasco? —preguntó.

Mientras el público hacía sus conjeturas, fue introduciendo piedras en el frasco hasta llenarlo. Luego preguntó:

—¿Está lleno? —Y todos asintieron.

Entonces sacó de debajo de la mesa un cubo con gravilla, puso parte de ella en el frasco y lo agitó. Las piedrecitas penetraron por los espacios que dejaban las piedras grandes. El experto volvió a preguntar:

—¿Está lleno? —Y esta vez los asistentes dudaron.

—Tal vez no —dijo uno; y, acto seguido, el conferenciante extrajo un saquito de arena y la metió dentro del frasco.

—¿Y ahora? —inquirió.

—¡No! —exclamó el público; y el conferenciante tomó una jarra de agua que empezó a verter dentro del recipiente. Este aún no rebosaba.

Terminada la demostración, preguntó:

—¿Qué acabo de demostrar?

Uno de los asistentes respondió:

—Que no importa lo llena que esté tu agenda; si lo intentas, siempre puedes hacer que quepan más cosas.

—¡No! —repuso el experto, y concluyó—: Lo que esto nos enseña es que si no pones las piedras grandes al principio, luego ya no cabrán.

El ejercicio de este experto en gestión del tiempo es una invitación a que *cada persona encuentre las piedras grandes de su vida*. Cuando ponemos en primer lugar lo verdaderamente importante, el resto, *las piedras menores*, encuentra su lugar.

Las enseñanzas de la vida en una sola carta

Cierro este libro con una lección entrañable de Jean Guitton. Este filósofo y escritor francés escribió al final de su vida —falleció con 98 años— una carta a quien había sido su médico de cabecera, el célebre doctor René Biot, revisando así el aprendizaje esencial de una larga vida a través de la relación entre médico y paciente.

Querido doctor Biot:

Cuando era niño, me gustaba, como a todos los niños, estar enfermo. Fue entonces cuando, por primera vez, oí pronunciar aquella palabra que tantas veces encontraría en mi vida como signo de gran dignidad: la palabra *doctor*.

Tanto para mí como para los otros niños, el doctor era el ser mágico por excelencia: el ser que adivina, alivia y conforta; y, para alguien de mi edad, aquel que se hallaba cerca del abuelo o de la abuela en el momento del último respiro.

En aquel tiempo pensaba que el doctor, estando presente tanto en el inicio como en el final de la vida, era el hombre que conocía todos los secretos de la vida y de la muerte. Y a la edad de diez años, ya ambicioso, mi sueño era el de convertirme un día en médico yo también.

¡Cómo me falta, querido doctor! Durante tres años, hasta la muerte, usted me ha cuidado y sanado. Y desde entonces no he podido encontrar un médico semejante a usted.

Lo que me acercó a usted —al punto de haberse convertido en mi amigo— es el hecho de que, además de médico, era usted un verdadero filósofo. Abrigaba la idea contraria a la del famoso doctor Knock, de Jules Romains, a quien había ido a aplaudir al teatro, según la cual todo hombre sano es un enfermo que no sabe que lo es. Usted me ha enseñado, por el contrario, que todo hombre que se lamenta de sus sufrimientos es un hombre sano que ignora serlo. Esta era, por otra parte, la teoría de Hipócrates y de los grandes médicos chinos. Por lo tanto, su convicción era la de que el médico es aquel que impide que uno se enferme y al que ya no es necesario consultar —ni pagar— cuando se ha caído en cama. El médico debe enseñarnos la higiene, es decir, el arte de no enfermarse. Querido doctor Biot, usted enseña la sabiduría de la que es necesario dar prueba para no estar nunca enfermo. Esta era su medicina y esta, también, su filosofía.

Otra de sus ideas era que el cansancio no proviene de aquello que se hace. Lo que se hace, si se realiza a fondo, con pasión y con toda el alma, no cansa nunca. Lo que cansa es el pensamiento de lo que no se hace.

[...] Nunca he olvidado su consejo médico: «Cuando repose, repose a fondo; cuando se distraiga, distráigase a fondo, y cuando coma o beba, hágalo a fondo igualmente». [...]

Me citaba a menudo estas palabras de Goethe: «Sufro por lo que no sucederá y tengo miedo de perder lo que no he perdido».

Usted fue un precursor. Había entendido —medio siglo antes que los demás— que la era en la que entrábamos sería una era en la que los problemas de salud y de equilibrio entre el alma y el cuerpo serían los principales problemas. Antes que los otros intuyó que ninguna acción era buena si no encarnaba un pensamiento, que todo pensamiento implicaba una ética y que toda ética implicaba a su vez una filosofía superior o una religión.

Su cualidad principal era la de estar disponible a cualquier hora del día. Era devoto, gentil, jovial. Ponía en todo esa mezcla de ironía y amor llamada humorismo. Contra lo que podría creerse, el humorismo no está muy lejos del amor: el humorismo es el amor oculto bajo el velo de la ironía.

Al término de su visita, usted escribía sobre un papel finísimo la receta: «Ninguna cura porque no hay nada que curar». Un día, en la parte inferior de la hoja, escribió: «Oportuno el uso del bastón». Desde entonces el bastón no me ha abandonado nunca. Estaba usted en lo cierto: el bastón es como un gentil compañero, mudo y dulce, que me une al suelo.

Hoy, dado que el número de mis años se acerca al siglo, me pregunto a veces cuáles son los consejos que me daría para ayudarme a envejecer como se debe.

Entonces vienen a mi mente dos consideraciones suyas: «Envejecer significa tener todas las edades». Y esta otra: «Envejecer significa ver a Dios más de cerca».

Doctor, usted tiene razón[5].

---

5. Jean Guitton, *Mi testamento filosófico*, Encuentro, Madrid, 1998.

EL PEQUEÑO TEST DEL VIGOR MENTAL

1. **La juventud de la mente depende de…**
   (a) La fortuna de nuestra herencia genética.
   (b) El tipo de personas de las que nos rodeamos.
   (c) El uso que hemos dado a nuestro músculo más importante.

2. **Renunciar a los sueños de juventud…**
   (a) Forma parte del oficio de madurar.
   (b) Queda compensado por otros proyectos que engendramos en la edad adulta.
   (c) Está prohibido a cualquier edad.

3. **La curiosidad es un factor…**
   (a) Propio de la infancia y la adolescencia.
   (b) Variable de unas personas a otras; forma parte del carácter.
   (c) Esencial para la juventud mental; por eso nunca debe perderse.

4. **La edad cronológica…**
   (a) Condiciona inevitablemente la edad mental.
   (b) Suma experiencias, lo cual puede compensar la pérdida de agilidad mental.
   (c) Es una cifra anecdótica para un joven de edad avanzada.

5. **Al llegar la jubilación, lo mejor que puede hacerse es…**
   (a) Descansar de una vida llena de esfuerzos.
   (b) Buscar ocupaciones agradables para el tiempo libre.
   (c) No jubilar nunca el entusiasmo y la curiosidad.

PUNTUACIÓN

Cada (**c**) suma 2 puntos y cada (**b**) 1 punto, mientras que la (**a**) no puntúa.

7 O MÁS PUNTOS

Estás aquejado de juventud crónica, un *síndrome* muy beneficioso siempre que vaya acompañado de responsabilidad y capacidad de compromiso.

DE 4 A 6 PUNTOS

Mantienes en buena forma tu mente, pero podrías mantener aún mejor engrasado tu músculo más importante.

MENOS DE 4 PUNTOS

Contemplas la madurez desde un punto de vista derrotista. Deberías revisar las biografías de personajes que, bien entrados en la vejez, jamás perdieron la capacidad de jugar y fijarse retos.

DECÁLOGO DE LA VIDA

I. **Utiliza la muerte para apreciar la vida.** El hombre es tal vez el único animal sabedor de su propia finitud. Solo la consciencia de la muerte nos permite valorar el regalo de la existencia.

II. **Aprovecha el miedo a la muerte como detonante** para una vida llena de sentido, misión y trascendencia. Justamente porque no estamos aquí para siempre, debemos aprovechar el tiempo que nos dan.

III. **Celebra cada día de vida como si fuera el último.** Cada jornada tiene su propio argumento y llega con sus propias necesidades, retos y satisfacciones. Si nos sabemos restringir al hoy, no temeremos al mañana.

IV. **Atrévete a vivir.** Como decían los filósofos clásicos, el miedo a la muerte enmascara en realidad el temor a vivir con intensidad y plenitud. Lo que nos da pánico es haber pasado por el mundo sin haber vivido y amado con mayúsculas. Decía Píndaro: «Sé tú mismo, atrévete».

V. **Acógete a la espiritualidad.** Un creyente ve la muerte como el principio. La fe en una religión o escuela espiritual proporciona un sentido y un alivio a la preocupación por el más allá. *En el fondo de cada persona hay tesoros escondidos que solo el amor revela.*

VI. **La vejez es un estado mental, no físico.** El miedo a envejecer y llegar mal a la última fase de la vida nos crea inseguridad, pero podemos incorporar hábitos saludables para mantenernos jóvenes de mente y espíritu.

VII. **Despierta tus virtudes.** Schopenhauer decía que debemos buscar la felicidad en nuestro interior y aprovechar el tiempo para desarrollar nuestros talentos. Nunca nos sentiremos despojados, porque lo más importante y valioso está en nosotros. *Aspirar a lo excelente es mirar más allá de lo inmediato.*

VIII. **Ayuda a los más jóvenes.** Cuando trabajamos —tal vez en un voluntariado— con niños y adolescentes rejuvenecemos nuestro espíritu y nos llenamos de su vitalidad, a la vez que nos ponemos al día.

IX. **Cultiva tu cuerpo.** Dormir las horas necesarias, practicar deporte suave a diario, mantener una dieta sana y variada —como la mediterránea—, nos ayuda a prolongar la juventud de nuestro vehículo para la vida.

X. **Entrena la mente.** La curiosidad intelectual y el ejercicio diario de nuestras facultades mentales son la mejor garantía de un envejecimiento lleno de vitalidad hasta el último suspiro. *No te crees problemas y prisiones que la inteligencia tal vez no pueda resolver y liberar.*

NOTA FINAL

A lo largo de este libro hemos visto los distintos campos donde se libra la batalla por la felicidad humana. Tal como decíamos al iniciar estas páginas, los problemas y adversidades forman parte de nuestra senda cotidiana hacia el desarrollo personal y la realización. Nadie, ni siquiera las personas que gozan del mayor éxito y reconocimiento, tiene ante sí un camino libre de obstáculos y sinsabores.

Lo que diferencia a unas personas de otras es su actitud frente a los embates de la fortuna. Si entendemos la vida como una navegación hacia tierras desconocidas, veremos que hay quien se resigna a naufragar cuando se presenta el temporal y simplemente lamenta su suerte. Otros, en cambio, no se dejan intimidar por el oleaje y siguen adelante, aunque sea a nado, hasta llegar a tierra firme.

No te rindas es una *invitación a revisar nuestros recursos personales para hacer frente a cualquier eventualidad que la vida pone en nuestro camino*. Si el ser humano, no siendo la criatura más fuerte ni rápida de la creación, ha logrado adaptarse a todos los escenarios hasta dominar el planeta, es justamente por su poder de superación.

Ahora que el mundo se enfrenta a crisis y desafíos de gran

calado, nuestro futuro individual y colectivo depende de la actitud con la que encaremos los retos. Tenemos la capacidad de destruir el planeta y de aniquilarnos los unos a los otros, pero también hemos sido dotados con una extraordinaria capacidad para amar, construir y ser útiles a los demás.

Como optimista empedernido, apuesto por que el lado amable, emprendedor y solidario del ser humano se acabará imponiendo para superar la negatividad y lograr un mundo mejor.

1. ¿Se conoce a sí mismo?

Una necesidad, y por lo tanto objetivo, de toda persona es conocerse a sí misma. Para ello es preciso mirar hacia dentro con realismo, calma y sin miedo. Ese saber quién es uno y cómo es facilita el camino y lo hace —¡qué duda cabe!— más gratificante. ¿Se conoce usted a sí mismo?

Elija una contestación en cada una de las siguientes preguntas:

1. *Un amigo más o menos íntimo le hace un comentario, que puede considerarse crítico, acerca de su forma de ser. ¿Cómo reacciona?*
   a. Hace caso omiso. La gente critica a veces porque no tiene otra cosa en que entretenerse.
   b. Intenta entender la crítica y encontrar su causa.
   c. Le da vueltas, habla con su amigo y puede llegar a preocuparse.

2. *Supongamos que reacciona usted de forma agresiva, incluso un poquitín violenta. ¿Qué es lo que normalmente haría?*
   a. Seguramente justificaría, ante usted mismo y ante los otros, su conducta.
   b. Vería el porqué y la consecuencia y puede que adoptase una nueva forma de conducirse.
   c. Primero pediría disculpas, luego seguramente se sentiría culpable, para acabar embargado en dudas acerca de su comportamiento.

3. *¿Son sus ideas firmes y claras en cuanto a esos pocos temas fundamentales de la vida?*
   a. Sí, en su mayoría.
   b. Ni lo uno ni lo otro, depende de muchas cosas.
   c. A veces le parece que sí, pero de pronto se descubre con todo vuelto del revés.

4. *¿Sabe usted lo que busca o espera encontrar a lo largo de su vida?*
   a. En este tema suele atacarle el desconcierto: busca cosas que luego no le interesan y, en ocasiones, se sabe tras objetivos equivocados.

b. Sí, ahora cree tener esto claro, aunque le ha costado esfuerzo.
c. No, no sabe bien qué es lo que quiere, así que se va encontrando con las cosas.

5. *¿Le inquieta la posibilidad de reaccionar inadecuadamente, de tener una conducta extraña, de perder el control de sí mismo, etc.?*
a. No, puede que esto ocurra, pero usted no se lo plantea.
b. Sí, constantemente. Son ideas que no puede quitarse de la cabeza ni controlar.
c. En principio usted sabe cómo va a reaccionar o conducirse y es capaz de mantener el control. No, esto no le inquieta.

6. *¿Le gustaría conocerse mejor e incluso iría a un profesional para ello?*
a. Sí, lo haría o lo hace.
b. Cree conocerse de forma adecuada, pero si pensase que le era necesario, no lo dudaría.
c. Se conoce lo suficiente y no piensa que necesite más.

7. *¿Coinciden la persona que usted cree que es y la que los demás dicen que es?*
a. Tienden a hacerlo la mayoría de las veces.
b. No se ha parado a pensar en ello, tampoco le importa.
c. Cuando no coinciden, usted invierte su tiempo en descubrir quién tiene razón.

Respuestas \ Preguntas	1	2	3	4	5	6	7
a	a	a	b	c	a	c	b
b	b	c	a	b	c	b	a
c	c	b	c	a	b	a	c

- *Predominio de* **a:** Parece que *pasa* usted bastante de su propia persona, evita la introspección, y la conclusión lógica es que se conoce poco y/o mal.
- *Predominio* de **b:** Usted conoce bien su forma de ser y de actuar, tanto sus puntos positivos como los negativos. Incluso parece motivado para aumentar ese conocimiento.
- *Predominio de* **c:** Usted se conoce y se desconoce al mismo tiempo. ¡Qué lío! Lo que le ocurre es que su forma de ser tiende a ser obsesiva, lo cual le confunde.

© María Dueñas. Fuente: *El gran libro de los tests*, Enrique Rojas, Aquilino Polaino-Lorente, Javier de las Heras y María Dueñas, Temas de Hoy, Madrid, 2002.

2. ¿Tiene seguridad en sí mismo?

¿Hasta qué punto tiene confianza en sí mismo? ¿En muchas situaciones se siente incómodo o no sabe cómo actuar? ¿Duda con mucha frecuencia? ¿Tras una apariencia, tal vez, de demasiada seguridad en sí mismo, se esconde una personalidad insegura?

En las cuestiones que se plantean a continuación elija la respuesta con la que se sienta más identificado.

1. *Cuando alguien expone un punto de vista distinto al suyo:*
   a. Le da la razón, aunque piense que está equivocado, por evitar quedar mal o crear una situación tensa.
   b. Discute con esa persona y defiende enérgicamente su postura, pase lo que pase.
   c. Considera los argumentos del otro y, si le parecen acertados, reconoce que tiene razón.

2. *Cuando tiene que tomar una decisión:*
   a. Le da muchas vueltas, pero no logra encontrar la solución más acertada y, una vez que se decide, a menudo piensa que se ha equivocado.
   b. Hace lo primero que le viene a la cabeza, sin más, y no admite que se pueda haber equivocado.
   c. Valora los pros y los contras, se decide y se olvida de las otras alternativas posibles.

3. *Cuando alguien hace un comentario desfavorable sobre usted:*
   a. Le da mucha importancia y se suele sentir muy mal, a pesar de que, objetivamente, se dé cuenta de que no se trata de nada importante.
   b. Suele pensar o decir que las opiniones de esa persona no valen la pena, pero se siente irritado y ofendido.
   c. Considera si puede tener razón o no. En caso afirmativo, intenta corregir las causas, y en caso negativo, se olvida fácilmente del suceso.

4. *Cuando algo sale mal:*
   a. Casi siempre piensa que ha sido culpa suya, aunque muchas veces los demás le digan que no hay motivos para considerarse responsable, y le cuesta mucho superar esa situación.
   b. Siempre piensa que es culpa de los demás.
   c. Analiza lo sucedido para descubrir si se debe a algún fallo personal. En tal caso, lo acepta y procura que no vuelva a suceder.

5. *Si tiene que realizar alguna actividad de mucha responsabilidad:*
   a. Se angustia pensando que no será capaz de hacerla correctamente, a pesar de que los demás opinen lo contrario y, si es posible, la evita.
   b. Siempre acepta, porque sabe que lo hará mejor que nadie.
   c. Acepta, considerando las dificultades que puede tener, pensando simplemente que procurará hacerlo lo mejor posible.

6. *Cuando tiene que hacer una elección:*
   a. Siempre pide consejo a todo el mundo, a pesar de lo cual no suele saber qué hacer. Muchas veces prefiere que otros decidan por usted.
   b. Prefiere no consultar con nadie para evitar que puedan confundirle.
   c. Suele consultar con alguien que le merezca confianza y que entienda de ese tema, en caso de tratarse de un asunto importante.

7. *Cuando acude a una reunión social:*
   a. Procura pasar lo más inadvertido posible, está en tensión, se comporta con timidez, y evita a toda costa llamar la atención.
   b. Le gusta destacar, ser el centro de atención.
   c. Se comporta con naturalidad y espontaneidad y suele pasarlo bien.

Valoración

- *Si predominan las respuestas* **a:** Tiene usted poca confianza en sí mismo, es demasiado inseguro. Probablemente se valore menos de lo que es en realidad.
- *Si predominan las respuestas* **b:** Aunque pueda dar la impresión de que es usted una persona muy segura, en el fondo es probable que sea todo lo contrario.
- *Si predominan las respuestas* **c:** Tiene usted suficiente seguridad en sí mismo y probablemente una personalidad equilibrada.

© Javier de las Heras. Fuente: *El gran libro de los tests*, Enrique Rojas, Aquilino Polaino-Lorente, María Dueñas y Javier de las Heras, Temas de Hoy, Madrid, 2002.

3. ¿Sabe escuchar?

Repetidamente se le da vueltas a la necesidad de comunicación, a la habilidad en el diálogo y a lo beneficioso que es saber expresar los sentimientos. Pero, paradójicamente, poco se habla de saber escuchar. ¿Sabe usted hacerlo?

1. *Un amigo, bastante agobiado, le llama por teléfono para ir a verle y comentarle un problema. A usted no le apetece nada en ese momento. ¿Qué le contesta?*
   a. Hace un esfuerzo y le dice que se pase cuando quiera.
   b. Que en ese momento le es imposible, que le vuelva a llamar en unos días.
   c. Le sugiere que le dé una idea por teléfono a ver si le puede ayudar.

2. *¿Qué le parecen las conversaciones en las que usted no puede participar mucho?*
   a. Un petardo.
   b. Depende del tema, y siempre que no se prolonguen en exceso.
   c. Interesantes, sobre todo si lo son los otros interlocutores.

3. *¿Tendría mucha paciencia con una persona que le pareciese aburrida?*
   a. Según el cariño que le tuviese.
   b. Claro, usted tiene paciencia con todo el mundo.
   c. En principio, no.

4. *¿Se contagia con facilidad del estado afectivo de las personas que le cuentan cosas?*
   a. No, usted evita, con éxito, que esto ocurra.
   b. Muy a su pesar, usted sintoniza de tal forma con la gente que suele afectarle para bien o para mal.
   c. Sólo de aquellos a quienes quiere de verdad.

5. *¿Recurre la gente a usted para contarle cosas o «soltarle rollos»?*
   a. Sí, con agotadora frecuencia.
   b. Nunca o casi nunca, ya saben cómo es.
   c. De vez en cuando, lo normal.

6. *¿Dispone siempre de alguien cuando necesita hablar?*
   a. Normalmente, sí.
   b. Le cuesta, «usted no pide lo que no puede dar».
   c. Sí, siempre.

7. *¿Utiliza usted mucho el recurso de oír, pero sin escuchar?*
   a. Nunca, a no ser que no se dé cuenta.
   b. Sólo cuando le obligan a ello.
   c. Ciertamente, lo hace con frecuencia.

Valoración

Respuestas \ Preguntas	1	2	3	4	5	6	7
a	a	b	c	b	a	c	a
b	b	c	a	a	b	b	c
c	c	a	b	c	c	a	b

- *Predominio de* **a:** Usted atiende a todos y de la mejor forma que sabe y puede. Es de los que siempre están. Se llega a sentir saturado y desbordado. Quizá debiera dosificarse.
- *Predominio de* **b:** Su lema es «por un oído me entra y por otro me sale». Usted es de los que no se entretienen ni pierden el tiempo en escuchar pamplinas. Alguien le puede llegar a llamar egoísta.
- *Predominio de* **c:** A la hora de oír y atender, usted es una persona mesurada y correcta. Selecciona a quien escucha, pero el que confía en usted no suele sentirse defraudado.

© María Dueñas. Fuente: *El gran libro de los tests*, Enrique Rojas, Aquilino Polaino-Lorente, Javier de las Heras y María Dueñas, Temas de Hoy, Madrid, 2002.

4. ¿Sabe aceptar las críticas?

Muchas personas tienen dificultades para aceptar con naturalidad las opiniones desfavorables que sobre ellos expresan los demás. Son personas que no admiten las críticas. Algunos, debido a una excesiva susceptibilidad; otros, debido a complejos de superioridad o inferioridad. ¿Sabe usted aceptar las críticas que le hacen los demás?

Responda sinceramente a las afirmaciones que se expresan a continuación. Si considera que se corresponde con lo que le sucede habitualmente, responda «verdadero» (V), y en caso contrario responda «falso» (F).

	V	F
1. Cuando alguien le sugiere que debería modificar algún aspecto de su comportamiento, se pone inmediatamente a la defensiva	☐	☐
2. Le molestan las personas que siempre opinan de todo ...	☐	☐
3. Le gusta que le adulen	☐	☐
4. Detrás de la mayoría de las críticas se esconde una mala intención	☐	☐
5. Si en su trabajo un superior le dice que no ha hecho algo adecuadamente, se suele sentir ofendido	☐	☐
6. Cuando alguien le critica, usted reacciona, si es posible, criticando también a esa persona	☐	☐
7. Si enseña una compra reciente a una persona y ésta le dice que no le gusta, se siente molesto.		
8. Usted es una persona bastante vanidosa	☐	☐
9. Le gustan las personas sinceras, que le dicen lo que piensan, aunque esto a veces le resulte desagradable	☐	☐
10. Las personas le suelen criticar por envidia	☐	☐
11. Si, en su trabajo, un subordinado le sugiere que se puede estar equivocando, lo piensa y le agradece su opinión	☐	☐
12. Las críticas que le han expresado abiertamente no han sido constructivas casi nunca	☐	☐

13. Cuando un amigo le dice que no está haciendo lo que debería en alguna cuestión, le dice que lo deje en paz y se meta en sus cosas .... ☐ ☐
14. Le gusta que los demás le critiquen, porque así le ayudan a ampliar su punto de vista .... ☐ ☐
15. Si alguien le hace una crítica, pasa mucho tiempo dándole vueltas, para descubrir los motivos por los que esa persona le ha hecho ese comentario .... ☐ ☐
16. Cuando un amigo le dice que cree que usted se está equivocando o se va a equivocar en una decisión, le agradece su sinceridad y su interés .... ☐ ☐
17. Usted acepta bien las críticas; el problema es que éstas sólo suelen proceder de personas ignorantes .... ☐ ☐
18. Cuando alguien le dice siempre que todo lo hace bien y nada mal, piensa que esa persona puede no ser sincera en algunas ocasiones .... ☐ ☐
19. Los demás le han comentado más de una vez que no se le puede decir nada, porque enseguida se enfada .... ☐ ☐
20. Las personas que, en un momento dado, no advierten a otras de lo que consideran un error grave demuestran no tener verdadero interés por ellas .... ☐ ☐
21. Los aduladores le inspiran poca confianza .... ☐ ☐
22. Cuando alguien le pide opinión sobre una cuestión personal o profesional, usted siempre es sincero, incluso cuando piensa que su opinión puede resultar desagradable ☐ ☐

Valoración

Sume un punto por cada una de las respuestas siguientes:

1. F	6. F	11. V	16. V	21. V
2. F	7. F	12. F	17. F	22. V
3. F	8. F	13. F	18. V	
4. F	9. V	14. V	19. F	
5. F	10. F	15. F	20. V	

- *Con 6 o menos puntos:* Usted no sabe aceptar las críticas; con esa actitud se ofenderá injustificadamente ante las opiniones de los demás y provocará que éstos no puedan ser sinceros con usted. Debe cambiar de actitud y comenzar a ser más receptivo, aprovechando mejor las opiniones de los otros.

- *Entre 7 y 13 puntos:* Es usted una persona normal, a veces acepta las críticas bien y otras mal, probablemente según el momento en que las reciba y de la persona que procedan. No olvide que saber aceptar las críticas no supone tener un criterio propio menos firme, sino que casi siempre es todo lo contrario.
- *Con 14 o más puntos:* Usted sabe aceptar bien las críticas de los demás, lo cual es siempre muy positivo, excepto en aquellos casos en los que esto se debe a una excesiva ingenuidad, sumisión o dependencia de los otros.

© Javier de las Heras. Fuente: *El gran libro de los tests*, Enrique Rojas, Aquilino Polaino-Lorente, Javier de las Heras y María Dueñas, Temas de Hoy, Madrid, 2002.

5. ¿Respeta a los demás?

El respeto a los demás es una norma esencial de la convivencia, tanto a nivel personal como social. Muchas personas no son conscientes de que faltan al respeto a otros, lo cual siempre termina siendo una fuente de problemas. ¿Usted respeta verdaderamente a los demás?

A continuación conteste sinceramente a las afirmaciones que se exponen marcando la respuesta correspondiente en la columna A, en la B, en la C o en la D, según el siguiente criterio:

Columna A: Cuando es algo muy frecuente en usted.
Columna B: Cuando es algo bastante frecuente en usted.
Columna C: Cuando es algo poco frecuente en usted.
Columna D: Cuando es algo nada frecuente en usted.

Debe responder en relación con el significado de cada columna y ser lo más objetivo posible.

	A	B	C	D
1. Interrumpo a las personas cuando están hablando	☐	☐	☐	☐
2. Cuido las normas de buena educación	☐	☐	☐	☐
3. Me han dicho que a veces mis bromas no son de buen gusto	☐	☐	☐	☐
4. Procuro ayudar con discreción a los demás a salir bien de una situación embarazosa	☐	☐	☐	☐
5. Escucho atentamente a los demás cuando me están hablando	☐	☐	☐	☐
6. Siempre valoro las opiniones de otras personas, incluso siendo contrarias a las mías	☐	☐	☐	☐
7. Cuando me enfado, insulto a los demás	☐	☐	☐	☐
8. Procuro no humillar a nadie con lo que digo o hago .	☐	☐	☐	☐
9. Muchas personas no son dignas de respeto	☐	☐	☐	☐
10. Los demás me han comentado que me tomo demasiadas confianzas con la gente	☐	☐	☐	☐

11. A veces no hay más remedio que dar un par de voces ☐ ☐ ☐ ☐
12. Me parece intolerable que algunos atenten contra la dignidad humana ☐ ☐ ☐ ☐
13. A veces me gusta ridiculizar a algunas personas ☐ ☐ ☐ ☐
14. No me muestro despectivo o despreciativo con nadie ☐ ☐ ☐ ☐
15. Cuando he de amonestar a alguien, procuro tener firmeza por todos los medios, pero no herir los sentimientos de esa persona ☐ ☐ ☐ ☐
16. Procuro crear un clima adecuado para que mi compañía resulte grata a los demás ☐ ☐ ☐ ☐
17. Ser respetuoso con las personas que tratamos es el mejor modo de conseguir que también ellas nos respeten ☐ ☐ ☐ ☐
18. Las convenciones sociales suelen ser una tontería ☐ ☐ ☐ ☐
19. Para hacerse respetar por los demás hay que recurrir a menudo a amenazas y conductas agresivas ☐ ☐ ☐ ☐
20. A menudo me gusta hacer preguntas indiscretas ☐ ☐ ☐ ☐

Valoración

Obtenga la puntuación total sumando cada uno de los puntos correspondientes a las respuestas que ha ido eligiendo en cada columna.

Preguntas

Respuestas	1	2	3	4	5	6	7	8	9	10	11	12	13	14	15	16	17	18	19	20
A	0	3	0	3	3	3	0	3	0	0	0	3	0	3	3	3	3	0	0	0
B	1	2	1	2	2	2	1	2	1	1	1	2	1	2	2	2	2	1	1	1
C	2	1	2	1	1	1	2	1	2	2	2	1	2	1	1	1	1	2	2	2
D	3	0	3	0	0	0	3	0	3	3	3	0	3	0	0	0	0	3	3	3

- *Con 20 puntos o menos:* Usted no respeta a los demás y es difícil que se haga querer por ellos. La convivencia con usted es probable que pueda llegar a ser insoportable. Es imprescindible que comience a plantearse seriamente rectificar su modo de tratar a los demás.
- *Entre 21 y 39 puntos:* Es usted una persona normal. Respeta a los demás moderadamente. Sería preferible que intentase respetarlos un poco más.
- *Con 40 o más puntos:* Usted sabe respetar a los demás. Seguro que los demás aprecian su compañía, lo respetan y lo quieren.

© Javier de las Heras. Fuente: *El gran libro de los tests*, Enrique Rojas, Aquilino Polaino-Lorente, Javier de las Heras y María Dueñas, Temas de Hoy, Madrid, 2002.

6. ¿Es una persona egoísta?

La cuestión es clara y siempre viva, pero hoy quizá más que nunca. Nos referimos a la actitud y conducta resultante de egoísmo, avaricia, ambición, narcisismo y una importante disminución del respeto por el otro, y también a las características opuestas. ¿Es usted de esas personas que por principio ayudan a los demás? O ¿es de los que se ayudan sólo a sí mismos, caiga quien caiga? Entre una postura y otra hay un amplio espacio, ¿en qué punto se encuentra usted?

Elija la contestación que más se adecue a sus sentimientos y su comportamiento habitual:

1. *Se entera de una magnífica oferta de trabajo que le atrae y que también le gustaría a un amigo suyo, pero podrían seleccionarle a él en vez de a usted, ¿se lo diría?*
   a. Claro, que gane el mejor.
   b. Después de presentarse usted y sin dar importancia a la oferta.
   c. Difícilmente; una cosa es su amistad y otra, su trabajo.

2. *Un familiar quiere hablarle de un problema que tiene y que le agobia bastante. ¿Le atendería usted?*
   a. Según su tiempo disponible y la prisa que le corriese a esa persona.
   b. No, no sólo por el tiempo que le llevaría, sino porque le desagrada involucrarse en problemas ajenos y más aún familiares.
   c. Por supuesto, es alguien que le pide ayuda y además de su familia.

3. *No es una de sus mejores épocas, pero su pareja está atravesando un bache bastante importante (mucho peor que el suyo). ¿Cuál sería su actitud?*
   a. Es un momento malo y ahora le toca a usted esforzarse más.
   b. Usted está dispuesto a colaborar siempre y cuando su pareja haga lo mismo.

c. Considera que un ligero distanciamiento sería beneficioso hasta que al menos su propia situación mejorase.

4. *Imagínese que alguna de las personas con las que convive ha dejado la cocina hecha un desastre. ¿La recogería y la limpiaría?*
   a. Sólo si se lo pidiesen expresamente.
   b. Seguramente sí; usted suele tener detalles de ese estilo.
   c. No, la tiene que recoger quien la haya desordenado.

5. *Suponiendo que usted sea de esas personas que de vez en cuando hacen favores a los otros, ¿por qué los hace?*
   a. Para conseguir algo que le interesa: siempre hay una finalidad en cualquiera de sus acciones, aunque no sea evidente.
   b. Simplemente por hacerlos.
   c. Porque en el futuro tendrán que corresponder si usted lo necesita.

6. *Un compañero de trabajo le ruega que le supla un día de trabajo que queda en medio de un puente y que usted había librado, ¿lo haría?*
   a. Para nada. No está dispuesto a fastidiarse un puente, aunque no tenga planes especiales.
   b. Si es tan importante para su compañero, cedería a cambio de otra fecha similar.
   c. Sí, a fin de cuentas, a usted le da lo mismo.

7. *¿Cuál es su actitud ante el progresivo deterioro medioambiental?*
   a. Se esfuerza en seguir diariamente las normas que conoce para evitarlo.
   b. Comparte en teoría todas las propuestas ecologistas, pero le cuesta tanto llevarlas a la práctica...
   c. Piensa que es cuestión de las grandes empresas contaminantes solucionar el problema; comparado con eso, lo que usted pueda contaminar es insignificante.

Respuestas \ Preguntas	1	2	3	4	5	6	7
a	0	1	0	1	2	2	0
b	1	2	1	0	0	1	2
c	2	0	2	2	1	0	1

- *Hasta 3 puntos:* Es usted una persona ciertamente desprendida, el egoísmo no tiene espacio entre sus sentimientos. Los demás son muy importantes para usted y les ayuda de forma permanente. Es usted bueno o buena. El riesgo está en que los demás confundan a una persona buena con una persona tonta, pero ése es un error de apreciación por parte de los otros.
- *De 4 a 10 puntos:* Navega en el terreno de nadie. Ni es egoísta ni es desprendido, ni es avaricioso ni deja de serlo, su ambición aparece o puede no hacerlo. Piensa usted en los otros, les ayuda o les apoya, sabe olvidarse de usted mismo por rachas, a veces más y a veces menos.
- *A partir de 11 puntos:* Caray, usted va sólo a lo suyo. Su propia persona y sus intereses son su único objetivo. Los demás son medios que hay que utilizar o estorbos que esquivar. Existe un conglomerado de características en su personalidad que dan un resultado que se resume en una palabra: egoísmo.

© María Dueñas. Fuente: *El gran libro de los tests*, Enrique Rojas, Aquilino Polaino-Lorente, Javier de las Heras y María Dueñas, Temas de Hoy, Madrid, 2002.

7. ¿Le agrada conocer gente nueva? ¿Cómo se desenvuelve en ambientes desconocidos?

Ninguna persona es una isla. Todas las personas precisan de los demás. La necesidad de relacionarse socialmente es algo natural que, con toda seguridad, también usted habrá experimentado. Sin embargo, hay personas que inicialmente lo pasan un poco mal cuando tienen que conocer a gente nueva; otras, sin embargo, se desenvuelven muy bien en ambientes y situaciones que hasta ese momento eran desconocidos para ellas. ¿A cuál de estos grupos pertenece usted?

Lea, por favor, las preguntas que aparecen a continuación y procure contestar afirmativa o negativamente (SÍ o NO), en función de que su conducta se adecue o no a lo que en ellas se afirma.

	SÍ	NO
1. Cuando le presentan un nuevo amigo, ¿se pone en tensión?	☐	☐
2. ¿Trata de ser el centro de las reuniones en las que participa?	☐	☐
3. ¿Considera que tiene usted suficiente éxito social?	☐	☐
4. ¿Le resulta fácil manifestar en público alguna de sus habilidades personales como, por ejemplo, cantar, bailar, contar chistes, etc.?	☐	☐
5. ¿Experimenta dificultades cuando tiene que hablar en público?	☐	☐
6. ¿Se siente satisfecho con su propia imagen?	☐	☐
7. ¿Sería capaz de almorzar solo en un restaurante en el que la mayoría de las mesas están ocupadas por otros comensales?	☐	☐
8. ¿Piensa que está suficientemente dotado para las relaciones sociales?	☐	☐
9. ¿Responde alegrándose con naturalidad y franqueza cuando alguien le alaba?	☐	☐

10. En las reuniones con personas desconocidas, ¿tiende más a escuchar que a hablar? .... ☐ ☐
11. ¿Se considera capaz de manifestar sus sentimientos a sus amigos, aunque todavía no los conozca suficiente? .... ☐ ☐
12. ¿Enrojece cuando alguien llama su atención en público? ☐ ☐
13. ¿Se siente usted insignificante e indefenso cuando le presentan a una persona socialmente importante? .... ☐ ☐
14. ¿A menudo considera que sus aportaciones a la discusión pueden ser relevantes o enriquecedoras para todos? ...... ☐ ☐
15. ¿Experimenta usted temblores de manos, sofoco, palpitaciones, enrojecimiento de la cara, tartamudeo o inseguridad cuando tiene que ser presentado en público? .... ☐ ☐
16. ¿Cree que reúne las condiciones suficientes como para imitar a otra persona cuyas habilidades sociales son notorias? .... ☐ ☐

Valoración

Sume un punto por cada una de las siguientes preguntas que haya contestado de modo afirmativo (SÍ): 1, 5, 10, 12, 13 y 15.

Sume un punto por cada una de las siguientes respuestas que haya contestado de modo negativo (NO): 2, 3, 4, 6, 7, 8, 9, 11, 14, 16.

Los criterios de valoración son los siguientes:

- *Menos de 6 puntos:* Su capacidad para hacer amigos y establecer nuevas relaciones sociales es aceptable.
- *Entre 6 y 10 puntos:* ¡Cuidado! Es usted una persona que con cierta probabilidad ha tenido, tiene o tendrá serias dificultades para relacionarse socialmente. Es posible que tenga usted demasiado miedo al ridículo.
- *Más de 10 puntos:* Sin duda alguna, conocer gente nueva o desenvolverse en situaciones sociales desconocidas es algo que resulta insufrible para usted. Esta dificultad puede aislarle de los demás más de lo que es conveniente y causarle a la larga muchas contrariedades y frustraciones.

© Aquilino Polaino-Lorente. Fuente: *El gran libro de los tests*, Enrique Rojas, Aquilino Polaino-Lorente, Javier de las Heras y María Dueñas, Temas de Hoy, Madrid, 2002.

8. La soledad, ¿es su amiga o su enemiga?

Hay personas que detestan estar solas; otras, en cambio, se encuentran mal cuando participan en reuniones sociales, a pesar de que todos los asistentes sean amigos. La soledad atenaza a ciertos grupos de población de la sociedad actual (viudas, adolescentes, tercera edad, etc.); pero hay también grupos de personas que se quejan de no poder estar casi nunca a solas consigo mismas. ¿Es usted un solitario o tiene miedo a la soledad? La respuesta a las preguntas que siguen puede contribuir al esclarecimiento de este problema. Por favor, conteste a las cuestiones que se formulan a continuación marcando una cruz en el lugar correspondiente, según estén de acuerdo (SÍ) o en desacuerdo (NO) respecto de su comportamiento habitual.

	SÍ	NO
1. ¿Se siente usted incomprendido por todos?	☐	☐
2. ¿Le resulta muy difícil comunicarse con los demás?	☐	☐
3. ¿Está más confortable cuando está solo que cuando está en compañía de sus familiares y amigos?	☐	☐
4. ¿Se siente inútil y extraño cuando está solo?	☐	☐
5. ¿Se siente incómodo hasta el punto de renunciar a comer cuando, por determinadas circunstancias, tiene que almorzar usted solo?	☐	☐
6. ¿Experimenta sensación de alivio cuando, tras abandonar una reunión con numerosos amigos, vuelve usted a encontrarse a solas consigo mismo?	☐	☐
7. ¿Ha experimentado alguna vez una imperiosa necesidad de escapar de la sociedad para estar a solas consigo mismo?	☐	☐
8. ¿Soporta tan mal la soledad que, estando a solas, se inventa algún pretexto para hablar con los vecinos?	☐	☐
9. ¿Se siente atraído por las personas solitarias?	☐	☐
10. ¿Tiene miedo a perder el control sobre sí mismo cuando se encuentra solo?	☐	☐
11. ¿Ha tenido alguna vez necesidad de aislarse de los demás para poder realizar un trabajo creativo?	☐	☐

12. ¿Se percibe como alguien superior a los demás por tolerar con agrado la soledad? .... ☐ ☐
13. ¿Considera displacenteras las situaciones solitarias? ...... ☐ ☐
14. ¿Se sintió más confortable la primera vez que abandonó la casa paterna? .... ☐ ☐
15. ¿Lo pasa mal al tomar el ascensor, por no saber qué decir a la persona con la que allí coincide? .... ☐ ☐
16. ¿Experimenta aburrimiento o nostalgia cuando está solo? ☐ ☐
17. ¿Siente una especial fascinación por aislarse y zambullirse en sus propios pensamientos? .... ☐ ☐
18. ¿Ha experimentado alguna vez el sentimiento de inutilidad como consecuencia precisamente de encontrarse solo? ☐ ☐
19. ¿Se encuentra más contento y seguro de sí mismo precisamente cuando está solo? .... ☐ ☐

Valoración

- *Temor a la soledad:*

Sume un punto por cada una de las siguientes preguntas que haya contestado de modo afirmativo (SÍ): 1, 2, 4, 5, 8, 10, 13, 15, 16 y 18.

Los criterios de valoración son los siguientes:

- *Menos de 4 puntos:* Puede usted considerarse una persona normal que no teme a la soledad.
- *Entre 4 y 6 puntos:* Puede usted tener problemas con la soledad.
- *Más de 6 puntos:* Usted tiene miedo a la soledad y no es capaz de soportarla. Es también muy vulnerable a las situaciones de aislamiento social.

- *Amor a la soledad (solitario):*

Sume un punto por cada una de las siguientes preguntas que haya contestado de modo afirmativo (SÍ): 3, 6, 7, 9, 12, 14, 17 y 19.

Los criterios de valoración son los siguientes:

- *Menos de 3 puntos:* Puede usted considerarse una persona normal que no detesta estar en compañía de otras personas.
- *Entre 4 y 8 puntos:* Puede afirmarse con bastante probabilidad que usted ama la soledad, que es un solitario. Debería comprobar si ese amor por la soledad no está asentado en el retraimiento social, la timidez o algún déficit en habilidades sociales.

© Fuente: *El gran libro de los tests*, Enrique Rojas, Aquilino Polaino-Lorente, Javier de las Heras y María Dueñas, Temas de Hoy, Madrid, 2002.

BIBLIOGRAFÍA

ALBERONI, Francesco, *Enamoramiento y amor*, Gedisa, Barcelona, 1988.

BAUMAN, Zygmunt, *Amor líquido: acerca de la fragilidad de los vínculos humanos*, Fondo de Cultura Económica de España, Madrid, 2007.

BEIGBEDER, Fréderic, *El amor dura tres años*, Anagrama, Barcelona, 2003.

CARLSON, Richard, *No te ahogues en un vaso de agua*, Debolsillo, Barcelona, 2006.

CARNEGIE, Dale, *Cómo ganar amigos e influir sobre las personas*, Elipse, Madrid, 2009.

CYRULNIK, Boris, *Los patitos feos: la resiliencia, una infancia infeliz no determina la vida*, Gedisa, Barcelona, 2002.

DYER, Wayne, *Tus zonas erróneas*, Grijalbo, Barcelona, 2001.

FROMM, Erich, *El arte de* amar, Paidós Ibérica, Barcelona, 2009.

GIRONELL, Martí, LAGARES, Josep y TÀPIES, Josep, *Plan de vuelo: la gran aventura de la empresa familiar*, RBA, Barcelona, 2009.

GOETHE, Johann Wolfgang von, *Las desventuras del joven Werther*, Cátedra, Madrid, 2009.

GOLEMAN, Daniel, *Inteligencia emocional*, Kairós, Barcelona, 2010.

GUITTON, Jean, *Mi testamento filosófico*, Encuentro, Madrid, 1998.

— *Silencio sobre lo esencial*, EDICEP, Valencia, 1998.

HERRIGEL, Eugen, *Zen en el arte del tiro con arco*, Gaia, Madrid, 2008.

HALPERN, HOWARD M., *How to Break your Addiction to a Person*, Bantam Books, New York, 1993.

HONORÉ, Carl, *Elogio de la lentitud*, RBA Libros, Barcelona, 2008.

KILEY, Dan, *El síndrome de Peter Pan*, Vergara J., Madrid, 1987.

LAWSON, JACK, *Endorfinas: la droga de la felicidad*, Ediciones Obelisco, Barcelona, 2006.

LEWIS, C. S., *The Last Battle*, Puffin Books, London, 1995.

LELORD, François, *El viaje de Héctor o el secreto de la felicidad*, Quinteto, Barcelona, 2005.

LLOVERA, Albert y CANTAVELLA, Jordi, *No Limits. En la vida quien no se rinde es el más valiente*, Planeta, Barcelona, 2010.

MARCO AURELIO, *Meditaciones*, Cátedra, Madrid, 2001.

MARÍAS, Julián, *Cervantes en clave española*, Alianza Editorial, Madrid, 1990.

MARINOFF, Lou, *Más Platón y menos Prozac*, Ediciones B, Barcelona, 2007.

MOLIÈRE, *Le malade imaginaire*, Gallimard, París, 2003.

MORRISON, James, *DSM-IV: Guía para el diagnóstico clínico*, Manual Moderno, México D. F., 2008.

ORTEGA Y GASSET, José, *Estudios sobre el amor*, tomo V, Obras completas, Madrid, 1983.

Ovidio, *El arte de amar*, Edimat, Madrid, 2007.
Russell, Bertrand, *La conquista de la felicidad*, Debolsillo, Barcelona, 2003.
Scheler, Max, *Esencia y formas de la simpatía*, Losada, Buenos Aires, 2004.
Schopenhauer, Arthur, *Arte del buen vivir*, Edaf, Madrid, 1983.
Shakespeare, William, *Romeo y Julieta*, Espasa-Calpe, Madrid, 2003.
St. James, Elaine, *Simplifica tu vida*, RBA, Barcelona, 2007.
Stendhal, *Rojo y negro*, Alianza, Madrid, 2008.
Torralba, Francesc, *El arte de saber estar solo*, Milenio, Lérida, 2010.
Urra Portillo, Javier, *El pequeño dictador: cuando los padres son las víctimas. Del niño consentido al adolescente agresivo*, La Esfera de los Libros, Madrid, 2007.
Voltaire, *Diccionario filosófico*, Akal, Madrid, 2007.
Watzlawick, Paul, *El arte de amargarse la vida*, Herder, Barcelona, 2009.

ÍNDICE TEMÁTICO

Biblioteca Enrique Rojas
en Booket:

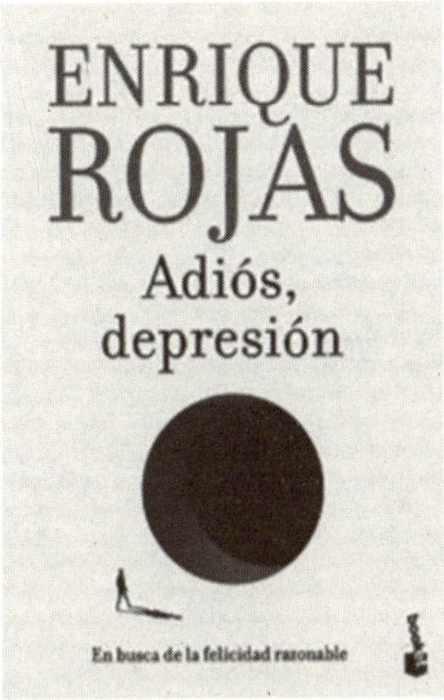